INSALATE

SALATE AUF ITALIENISCH

Alessandra Avallone

INSALATE

SALATE AUF ITALIENISCH

Fotografiert
von Franco Pizzochero

WILHELM HEYNE VERLAG
MÜNCHEN

Titel der italienischen Originalausgabe: Insalate
Deutsch von Marcus Würmli
Die Originalausgabe erschien im Verlag
Arnoldo Mondadori Editore S.p.A., Milano

Buchgestaltung: Fulvio Ariani
Schutzumschlag-Gestaltung der deutschen Ausgabe:
Atelier Ingrid Schütz, München, unter Verwendung des
Entwurfs der italienischen Ausgabe von Fulvio Ariani
Fotosatz: Typo Bach, München
Printed in Italy by Arnoldo Mondadori Editore S.p.A.,
Stabilimento di Verona

ISBN 3-453-03223-3

INHALT

Für meine Mutter und meine Schwester

VORWORT

Lange Zeit haben Salate sowohl in der täglichen Küche wie in der Haute Cuisine eine Nebenrolle gespielt. In den letzten Jahren wurden sie jedoch durch die Tendenz zur gesundheitsbewußten Ernährung und einen immer hektischeren Lebensstil deutlich aufgewertet. Deswegen ist der Salat von der Rolle der zweiten Hauptdarstellerin zur „Primadonna" aufgerückt. Jetzt ist es sogar üblich, mit Salat ein ganzes Essen zu bestreiten. Man muß nur mit der unglaublichen Vielfalt der einheimischen und exotischen Zutaten, die heute überall zu bekommen sind, zu spielen wissen, damit die ideale Kombination für die unterschiedlichsten Gelegenheiten gelingen kann: für eine elegante Einladung, einen Feinschmeckerabend, ein etwas exzentrisches oder rein vegetarisches Essen. Und dabei berücksichtigen wir gleichermaßen die Linie wie den Gaumen.

Salate sind leicht und schnell zuzubereiten, gelingen mit Sicherheit und verlangen keine große Kunstfertigkeit.

Man muß allerdings etwas wagen. Die Phantasie ist die grundlegende Zutat für die hier vorgestellten Salate und für all jene, zu denen das Buch Sie inspirieren will. Die erste Regel, die man beachten muß, ist die des Gleichgewichts, der Harmonie des Geschmacks, aber auch des Duftes und der Farben. Salate sind aus mehreren Elementen zusammengesetzt, und es ist wichtig, daß keines die anderen beherrscht.

Wenn man zum Beispiel eine besonders geschmacksintensive Zutat verwendet, muß man diesen Geschmack durch andere, leichtere Zutaten mildern. In gleicher Weise sollte man neben dem Geschmack auch die Farben der Nahrungsmittel in Betracht ziehen, um ideale Kombinationen zu erreichen.

Die zweite Regel betrifft die Salatsauce, das verbindende Element zwischen den anderen Zutaten. Öl und Essig bilden die Basis der meisten Salatsaucen, doch von diesen einfachen Zutaten gibt es bereits unzählige Typen. Wer es gelernt hat, das richtige Öl und den richtigen Essig zu verwenden, wird die Erfahrung machen, daß eine gelungene Sauce ein banales Rezept in etwas Neues und Originelles verwandeln kann.

Kräuter und andere Gewürze geben dem Ganzen den letzten Schliff, eine Lebhaftigkeit und einen Duft, die noch vor dem ersten Bissen Aufmerksamkeit auf sich ziehen.

Einfache Salate also, aber in neuem Gewand, zu jeder Gelegenheit.

EINFÜHRUNG

Maisöl | Walnußöl | Olivenöl extravergine | Olivenöl mit Salbei und Rosmarin | Olivenöl mit Myrte

DAS ÖL

Öl ist flüssiges pflanzliches Fett, das man aus den unterschiedlichsten Früchten oder Samen gewinnt. Öle, die aus Erdnüssen, Sonnenblumenkernen oder Mais gepreßt werden, eignen sich kaum zur Salatzubereitung, denn sie weisen fast keinen Geschmack auf. Wal- und Haselnußöle werden wenig verwendet, haben aber einen charakteristischen, delikaten Geschmack, der sehr gut zu besonderen Salaten paßt. Leider sind diese Öle sehr teuer, und sie halten sich nur wenige Monate, weil sie leicht ranzig werden. Sie sind für manche Regionen typisch, zum Beispiel für die Provence. Wenn man sie irgendwo angeboten findet, sollte man nicht mehr als einen halben Liter davon kaufen.

Über das Olivenöl müßte man ein ganzes Buch schreiben, und es ist nicht übertrieben zu sagen, daß es mehr als alle anderen Zutaten für einen hervorragenden Salat verantwortlich ist. Es muß sich allerdings um Olio extravergine di oliva handeln, denn nur dieses stammt aus der ersten mechanischen (und nicht chemischen) kalten Pressung und vereinigt in sich die besten Eigenschaften des Olivenöls. Vom wissenschaftlichen Standpunkt aus ist es ein

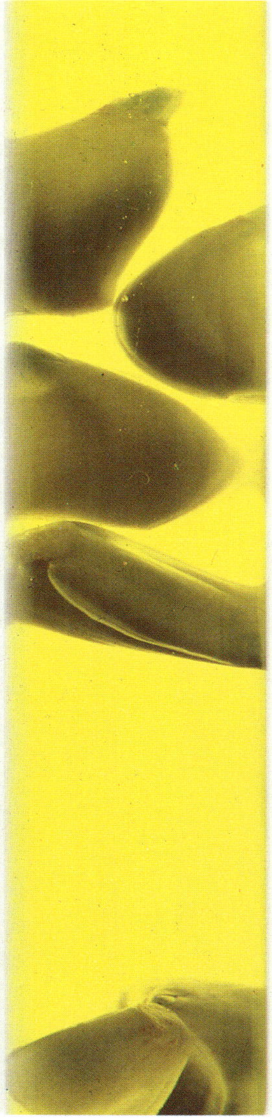
Olivenöl mit Knoblauch

Olivenöl mit Fenchelkraut

Olivenöl mit Lorbeer, Pfefferkörnern und Gewürznelken

Olivenöl mit Pfefferschoten

Olivenöl mit Thymian

hervorragendes Nahrungsmittel, denn es enthält nur wenig freie Säuren. Der Geschmack ist voll, körperreich und einzigartig unter allen anderen Zutaten für eine Sauce. Olivenöl kann je nach Herkunft einen mehr oder minder starken, ja pfeffrigen Geschmack haben und intensiv grün bis sattgelb gefärbt sein. Wählen Sie das Öl, das Ihnen am besten zusagt.
Wie der Essig wird auch das Öl mit Kräutern und Gewürzen aromatisiert.
1. Öl mit Pfefferschoten für Salate aus Fleisch, Gemüsen und gekochtem Getreide.
2. Öl mit Knoblauch für grüne Salate und Tomatensalate.
3. Öl mit Salbei und Rosmarin für Salate aus gekochtem oder gegrilltem Gemüse und für Fleisch- und Fischsalate.
4. Öl mit Fenchelkraut für Fisch-, Krebs- und Käsesalate.
5. Öl mit Pfefferkörnern für alle Salate.
6. Öl mit Pfefferkörnern und Gewürznelken für süßsaure Salate und Käsesalate.
7. Öl mit Oregano und Majoran für grüne sommerliche Salate und Nudelsalate.
8. Öl mit Lorbeer oder Thymian für Fleisch- und Käsesalate.
9. Öl mit Myrte für Fleisch- und Käsesalate ... und viele andere Ölsorten, die Sie selber ansetzen können.

Champagneressig mit rosa Pfeffer | Champagneressig mit Estragon | Weißweinessig mit Schalotten | Obstessig | Weißweinessig mit Pfefferschoten, Lorbeer und Koriander

DER ESSIG

Essig ist das Produkt der Essigsäuregärung alkoholhaltiger Ausgangsstoffe. Die Gärung wird durch besondere Bakterien bewirkt. Je nach Ausgangsstoff erhält man unterschiedliche Essigsorten: Apfelwein, Branntwein, Weißwein, Rotwein, Sherry, Champagner usw. Unter den besseren Essigsorten ist bei uns der Weinessig am weitesten verbreitet. Er stellt die grundlegende Zutat für die klassische Vinaigrette dar.
Wenn der Ausgangswein von guter Qualität ist, wird auch der Essig daraus ein klares, deutliches Aroma zeigen, das der Sauce Körper verleiht und den Geschmack jeder einzelnen Zutat hervortreten läßt. Wer dem Salat jedoch eine besondere Note verleihen will, setzt zu Hause eine Reihe ganz persönlicher Essigsorten an, mit Kräutern, Gewürzen oder Früchten.
Das Grundrezept ist äußerst einfach:
Man nimmt ganz frische, möglichst gerade gepflückte Kräuter, säubert sie gründlich und legt sie in einen Liter Essig. Die Flasche wird hermetisch verschlossen und für drei oder vier Wochen an einem dunklen, kühlen Ort gelagert. Schließlich filtert man durch eine Gaze die Essigmenge, die man in kurzer Zeit verbrauchen

Weißweinessig mit Erdbeeren | Sherryessig | Weißweinessig mit Himbeeren | Weißweinessig mit Heidelbeeren | Rotweinessig

kann. Die Vorratsflaschen bleiben weiterhin verschlossen im Dunkeln.
Hier einige Vorschläge für klassische Zusammenstellungen, doch der eigenen Phantasie sind keine Grenzen gesetzt:
1. Rotweinessig mit Schalotten oder Knoblauch für grüne Salate, Tomaten- und Fleischsalate.
2. Rotweinessig mit grünem oder rosa Pfeffer für Fisch- und Fleischsalate.
3. Champagneressig mit rosa Pfeffer für süßsaure Salate und Blütensalate.
4. Rotweinessig mit Minze für Salate aus Fleisch, Krustentieren, Meeresfrüchten, Zucchini usw.
5. Champagneressig mit Estragon für grüne Salate, Fisch- und Sprossensalate.
6. Weißweinessig mit Erdbeeren für süßsaure Salate und Fruchtsalate.
7. Weißweinessig mit Himbeeren und anderen Waldfrüchten für süßsaure Salate und Frühlingssalate, für Salate aus Fleisch, Wild oder Blüten.
8. Essig mit Koriander, Pfefferschoten, Lorbeer und Pfefferkörnern für exotische und pikante Salate.

I·N·S·A·L·A·T·E

ALS HAUPTGERICHT

Vorspeise, Nudelgericht, Hauptgericht, Beilage, Käse, Süßspeise und Obst: So verläuft ein klassisches italienisches Menü. Bisweilen macht ein solches Riesenessen Spaß, doch wer von uns ist heute noch imstande, ohne Zeitnot, ohne Verdauungsprobleme und ohne Rücksicht auf die Kalorien daran teilzunehmen? Wir sind nicht mehr daran gewöhnt, so viel zu essen, und ein einziges Gericht scheint bei vielen Gelegenheiten die praktischere Lösung. Natürlich bedeutet das nicht, den Spaß am Essen zu verringern. Ganz im Gegenteil, ein einziges Gericht schafft in der Küche Raum, um ganz neue, phantasievolle Variationen zu erfinden. Meiner Meinung nach sollten die Hauptelemente immer Teigwaren oder Hülsenfrüchte sein, denen man andere Zutaten hinzufügt. Dabei sind dem Erfindungsreichtum für neue Geschmacksharmonien keine Grenzen gesetzt. Teigwaren und Reis sind traditionsgemäß Hauptbestandteil der Zubereitung und darum sinnvoll, weil ihr Geschmack ziemlich neutral ist, nicht langweilig wird und jede Zutat und jede Art von Sauce gut hervortreten läßt. Durch ihre Konsistenz und ihren Nährwert sind sie geradezu ideal für Gerichte, die uns mit allen notwendigen Nährstoffen versorgen sollen. Schließlich sind solche Salate ideal als Hauptmahlzeit für die Sommerküche, denn man serviert sie kalt oder lauwarm, man kann sie im voraus zubereiten und ist nicht gezwungen, lange am Herd zu stehen.

Vorhergehende Doppelseite:
Nudelsalat mit Safran

INSALATA DI PASTA ALLO ZAFFERANO

Nudelsalat mit Safran

Für 4 Personen

300 g Teigwaren (Tagliatelle, Anelli)
1 Päckchen Safran
1 Salatgurke
1 Bund Puntarelle
300 g Provolone
1 Stück grüne Paprikaschote
1 Knoblauchzehe
1 Bund Petersilie
2 Schalotten
6 Essiggürkchen
1 TL Fenchelsamen
2 EL Rotweinessig
6 EL Olivenöl extravergine
Salz, frisch gemahlener Pfeffer

Die Triebe der Puntarelle von den Blättern trennen. Einige Blätter für die Garnitur aufheben, die anderen eine Stunde in kaltes Wasser legen, auf einem Durchschlag abtropfen lassen und grob hacken. Die Triebe waschen und klein schneiden. Die Gurken waschen und abtrocknen, der Länge nach halbieren, die Kerne herausnehmen, den Rest in Scheiben schneiden. Den Provolone in Würfel und diese in Dreiecke schneiden. Die Zutaten in einer Schüssel vermischen und mit Pfeffer und 2 Eßlöffeln Öl würzen. Zubereitung der Vinaigrette: In einem Mörser die Fenchelsamen und die Knoblauchzehe stoßen, 2 Eßlöffel Essig und 4 Eßlöffel Öl hinzufügen, die Schalotten, die Petersilie, die Paprikaschote und die Essiggürkchen hacken und zur Vinaigrette geben, salzen und pfeffern. In einem großen Kochtopf Salzwasser mit dem Safran und 1 Eßlöffel Öl zum Kochen bringen, die Teigwaren hineingeben. Wenn diese al dente sind, auf einen Durchschlag schütten und unter fließendem kalten Wasser abschrecken, ohne sie zu sehr abzukühlen. Gut abtropfen lassen. Die Teigwaren zu den übrigen Zutaten in die Schüssel geben, die Vinaigrette darübergießen und sorgfältig durchmischen. Mindestens eine halbe Stunde durchziehen lassen, damit die Nudeln Geschmack annehmen können.

Nudelsalat italienische Art

Insalata di Pasta all'Italiana

Nudelsalat italienische Art

Für 4 Personen
300 g Teigwaren (zum Beispiel Mezze penne)
4 reife Tomaten
300 g Brokkoli
250 g Ricotta al forno
2 schwarze Oliven
1 Zwiebel
6 getrocknete, in Öl eingelegte Tomaten
1 kleine scharfe Pfefferschote
1 EL Oregano
6 EL Olivenöl extravergine
Salz, frisch gemahlener Pfeffer

Die getrockneten Tomaten und die Pfefferschote fein hacken, Oregano und 6 Eßlöffel Öl hinzufügen, salzen, pfeffern und stehenlassen, während man die anderen Zutaten vorbereitet. Tomaten waschen und abtrocknen, in Stücke schneiden, salzen. Den Brokkoli waschen, in einzelne Röschen zerteilen, in Salzwasser zehn Minuten kochen, mit dem Schöpflöffel herausnehmen und in demselben Wasser die Teigwaren kochen. Wenn sie al dente sind, auf einen Durchschlag schütten und mit kaltem Wasser abschrecken. Die Teigwaren, die Tomaten, den Brokkoli, die zerbröselte Ricotta und die feingeschnittene Zwiebel in einer Schüssel vermischen, die Pfefferschotensauce zugießen und gegebenenfalls nachsalzen. Den Salat für eine Stunde in den Kühlschrank stellen.

Insalata di Aringhe

Heringssalat

Für 4 Personen
300 g sauer eingelegte Heringe oder Rollmops
3 große Gewürzgurken
300 g gekochte Kartoffeln
150 g gekochte Rote Bete

3 hartgekochte Eier
2 EL gehackter Dill
150 g Joghurt
1 gehackte Knoblauchzehe
1 EL Zitronensaft
Salz, frisch gemahlener Pfeffer

Die Heringe in etwa ein Zentimeter große Stücke schneiden. Die Gurken in Scheiben schneiden. Die Kartoffeln pellen und mit den Roten Beten in Würfel schneiden. Die Eier schälen und grob hacken. Alle Zutaten in einer Schüssel vermischen. Den Joghurt mit dem Zitronensaft und dem Knoblauch verrühren, salzen und pfeffern. Die Marinade über den Heringssalat gießen, mit Dill bestreuen und kühl servieren.

GIARDINIERA DI VERDURE CON LA PASTA

Gemüsesalat mit Teigwaren

Für 4 Personen

400 g Vollkornnudeln in beliebiger Form
1 kleine Rote Bete
1 Karotte
1 große Zucchini
100 g Zwiebelchen
150 g tiefgekühlte Erbsen
1 kleine Fenchelknolle
2 Fleischtomaten
200 g Brokkoliröschen
1 Zwiebel
1 Bund frische Zitronenmelisse
1 Bund Schnittlauch
1 EL Essig
1 EL Zitronensaft
4 EL Olivenöl extravergine
Salz, frisch gemahlener Pfeffer

Gemüsesalat mit Teigwaren

Das gesamte Gemüse putzen und waschen, in Würfel bzw. Stücke schneiden. Die Zucchini- und die Karottenwürfel, die Rote Bete (getrennt von den übrigen, damit sie nicht abfärben), den Fenchel, die Zwiebelchen, die Brokkoliröschen und die Erbsen fünf Minuten in kochendes Salzwasser legen. Auf einem Sieb abtropfen lassen. Mit 3 Eßlöffeln Olivenöl in der Pfanne dünsten, um ihnen Geschmack zu verleihen, salzen und pfeffern. Die Teigwaren in Salzwasser kochen. Wenn sie al dente sind, auf einen Durchschlag schütten und unter kaltem Wasser abschrecken. Die Teigwaren mit dem gedünsteten Gemüse, den leicht gesalzenen Tomatenwürfeln, der gehackten Zwiebel und den gehackten Kräutern vermischen. Bis zum völligen Abkühlen der Teigwaren kühl stellen und mit einer Vinaigrette aus den folgenden Zutaten servieren: 1 Eßlöffel Essig, 1 Eßlöffel Zitronensaft, 4 Eßlöffel Öl, Salz und Pfeffer.

INSALATA PICCANTE ALLE DUE CARNI

Pikanter Salat mit zwei Fleischsorten

Für 4 Personen
300 g Farfalle (Schmetterlingsnudeln – besonders hübsch sehen rote Farfalle aus)
1 gelbe Paprikaschote
1 rote Paprikaschote
1 Körbchen Rettichkeimlinge
1 große Scheibe (200 g) gekochter Schinken
1 große Scheibe (200 g) Putenbraten
1 Bund krause Petersilie
1 EL Senf, 2 EL Rotweinessig
6 – 7 EL Olivenöl extravergine
Salz, frisch gemahlener Pfeffer

Die Paprikaschoten waschen, die Samen entfernen, halbieren, in Streifen schneiden und einige Streifen für die Garnitur beiseite legen. Den Rest grob hacken. Das Fett vom Schinken und vom Putenbraten entfernen und das Fleisch in Würfel schneiden. Die Zutaten in

Pikanter Salat mit zwei Fleischsorten

eine Schüssel geben, die Petersilie hacken und mit den Rettichkeimlingen dazugeben, pfeffern und mit 2 Eßlöffeln Öl würzen. Den Senf mit 2 Eßlöffeln Essig verrühren und nach und nach unter weiterem Rühren 5 bis 6 Eßlöffel Öl hinzufügen, bis eine glatte Vinaigrette entsteht. Die Farfalle in Salzwasser unter Hinzugabe von einem Eßlöffel Öl al dente kochen, auf einen Durchschlag schütten, unter kaltem Wasser abschrecken und zu den anderen Zutaten geben. Mit der Vinaigrette würzen, salzen, reichlich pfeffern und vor dem Servieren einige Zeit stehen lassen, damit alles gut durchzieht.

INSALATA DI MELANZANE E POLPETTINE DI AGNELLO

Auberginensalat mit Lammklößchen

Für 4 Personen

1 kleiner krauser Endiviensalat
2 kleine Auberginen
200 g gehacktes Lammfleisch
2 Scheiben Toastbrot
1 Bund frische Minze
1 Ei
1 gehackte Knoblauchzehe
1 EL gehackte Zwiebel
200g Joghurt
2 EL frische Sahne
Mehl
1 EL Essig
Olivenöl extravergine zum Ausbacken
Salz, frisch gemahlener Pfeffer

Die Minze putzen und waschen, grob hacken. Die Rinde vom Toastbrot entfernen, dieses zerkrümeln und mit 1 Eßlöffel Essig befeuchten. In einer Schüssel das Lammfleisch, das zerkrümelte Brot, das Ei, 2 Eßlöffel gehackte Minze, Salz und Pfeffer vermischen. Mit den Händen nußgroße Klößchen formen, leicht mit Mehl bestäuben und in heißem Öl backen. Auf Küchenkrepp abtropfen lassen und warm stellen. Die Auberginen waschen und putzen, in Würfel schneiden und in heißem Öl backen, bis sie goldgelb sind. Ebenfalls auf Küchenkrepp abtropfen lassen und salzen.
Den Salat waschen und mit den Händen in mundgerechte Stücke zupfen. In einer Schüssel den Joghurt mit dem Rahm, dem Knoblauch, der Zwiebel und der restlichen Minze vermischen, die Marinade salzen und pfeffern. Kurz vor dem Servieren die Klößchen mit dem Salat und den Auberginen mischen, die Marinade separat servieren.

INSALATA NORMANNA DI PATATE

Normannischer Kartoffelsalat

Für 4 Personen

600 g neue Kartoffeln
1 Bleichsellerie
300 g gekochter geräucherter Schinken
in dicken Scheiben
2 EL gehackte Petersilie
1/2 EL Senfkörner
1/2 EL Honig
1 zerstoßene Knoblauchzehe
6 EL Obstessig
13 El Olivenöl extravergine
Salz, Pfeffer

Die jungen Kartoffeln gut waschen und in Salzwasser gar kochen, abtropfen und abkühlen lassen. In Scheiben schneiden, ohne die Schale zu entfernen, salzen und mit 2 Eßlöffeln Essig und 3 Eßlöffeln Öl würzen. Den gekochten Schinken in Würfel schneiden. Die Selleriestangen waschen, die zähen Fasern entfernen und den Rest mit den grünen Blättern in Scheiben schneiden. In einer Schüssel die Senfkörner, den Honig und den zerstoßenen Knoblauch mischen, mit 4 Eßlöffeln Essig und 10 Eßlöffeln Öl verrühren, salzen und pfeffern. Die Kartoffeln, den Schinken, den Sellerie und die Petersilie in eine Schüssel geben, mit etwas Vinaigrette würzen und eine halbe Stunde ziehen lassen. Die restliche Vinaigrette getrennt servieren.

SALADE NIÇOISE

Nizza-Salat

Für 4 Personen

1 Kopfsalat
4 Fleischtomaten
400 g Thunfisch in Öl
2 Frühlingszwiebeln
1 halbe Salatgurke
200 g gekochte Bohnenkerne
4 hartgekochte Eier
12 schwarze Oliven
1/4 rote Paprikaschote
2 Knoblauchzehen
3 EL Rotweinessig
6 EL Olivenöl extravergine
Salz, frisch gemahlener Pfeffer
8 Weißbrotscheiben

Den Salat direkt auf vier großen Tellern anrichten. Den Kopfsalat waschen, mit den Händen in mundgerechte Stücke zupfen. Die Tomaten waschen und in Achtel schneiden. Die Gurke schälen und in Würfel schneiden. Die Oliven entsteinen und halbieren. Die Eier schälen und vierteln, die Paprikaschote grob hacken. Die Frühlingszwiebeln in Scheiben schneiden. Den Thunfisch abtropfen lassen und mit einer Gabel zerkleinern. Alle Zutaten auf die Teller verteilen.

Getrennt davon eine Vinaigrette aus folgenden Zutaten bereiten: 3 Eßlöffel Essig, 6 Eßlöffel Öl, Salz, Pfeffer und 1 gehackte Knoblauchzehe. Die Vinaigrette über den Salat gießen. In der Zwischenzeit die Weißbrotscheiben toasten (auch auf dem Grill), danach mit 1 gehackten Knoblauchzehe bestreichen, leicht pfeffern und je zwei Scheiben pro Salatteller servieren.

INSALATA DI PASTA E SGOMBRI AFFUMICATI

Nudelsalat mit geräucherter Makrele

Für 4 Personen

300 g Teigwaren (zum Beispiel Eliche)
300 g geräucherte Makrele
1 saurer Apfel
1 Fenchelknolle
1 Bleichsellerieherz
150 g Mayonnaise
150 g süße Sahne
1 EL frisch geriebener Meerrettich
3 El Olivenöl extravergine
Saft einer Zitrone
Salz, Pfeffer

Die Makrele enthäuten, die Filets ablösen, in Stücke schneiden und mit Pfeffer und 1 Eßlöffel Zitronensaft würzen. Den Apfel schälen, das Kerngehäuse entfernen, den Rest in Würfel schneiden und diese sofort mit Zitronensaft beträufeln, damit sie nicht braun werden. Den Sellerie und den Fenchel putzen und waschen, beide in Scheiben schneiden. In einer Schüssel die Mayonnaise mit der Sahne und dem übriggebliebenen Zitronensaft vermischen, den Meerrettich hinzugeben, nach Belieben salzen und pfeffern. Die Teigwaren in Salzwasser unter Zugabe von 1 Eßlöffel Olivenöl al dente kochen, auf einen Durchschlag schütten und unter fließendem Wasser völlig auskühlen lassen. Abtropfen lassen und mit 2 Eßlöffeln Öl würzen. Den Fisch, die Teigwaren, das Gemüse und die Apfelstückchen in eine Schüssel geben, die Marinade darübergießen und alles gut vermischen.

INSALATA DI CAVOLO E WÜRSTEL

Kohlsalat mit Fleischwurst

Für 4 Personen

1 Weißkohl

4 Wiener oder Frankfurter Würstchen

150 g geräucherter, magerer Speck

1/2 EL Kümmelsamen

3 EL Essig

Salz, Pfeffer

2 EL Olivenöl extravergine

Die härtesten Blätter vom Kohl entfernen. Den restlichen Kopf vierteln und in feine Steifen schneiden. Diese waschen und trockenschleudern. Die Kümmelsamen im Mörser zerstoßen, das Pulver und zwei Prisen Pfeffer und zwei Prisen Salz über den Kohl streuen, 3 Eßlöffel Essig hinzugeben, vermischen und etwas ziehen lassen. Kurz vor dem Servieren die Würstchen kochen, enthäuten und in Scheiben schneiden. Den Speck würfelig schneiden und mit 2 Eßlöffeln Öl in einer Pfanne anbraten. Die Speckwürfel und die warmen Wurstscheiben zum Kohl geben, durchmischen und den Salat lauwarm servieren.

INSALATA DI MARE

Meeresfrüchtesalat

Für 4 Personen

200 g Langkornreis (Patna)

2 große Bund Rucola

24 Garnelen

1 kg Miesmuscheln

600 g Moscardini oder ganz kleine Tintenfische

1 Glas Weißwein

300 g süße Sahne

1/2 EL Tomatenpüree

2 reife Tomaten

2 Knoblauchzehen

1 Frühlingszwiebel

1 Schalotte

Meeresfrüchtesalat

1 Bund Dill
2 EL Zitronensaft
3 EL Olivenöl extravergine
Salz, frisch gemahlener Pfeffer

Die Miesmuscheln unter fließendem Wasser gut reinigen und die Bärte (Byssusfäden) entfernen. Die Muscheln mit dem Weißwein in eine große Kasserolle geben und bei starker Hitze kochen, bis sie sich öffnen. Das Muschelfleisch herausnehmen und beiseite legen. Die Kochflüssigkeit durch ein Sieb filtern, wieder auf die Kochplatte stellen und darin die Garnelen fünf Minuten lang kochen. Abtropfen lassen und gegebenenfalls schälen. 4 Eßlöffel Kochflüssigkeit beiseite stellen, den Rest mit einem Liter warmen Wasser vermischen und darin die Moscardini oder die kleinen Tintenfische kochen, bis sie weich sind (nach ungefähr 45 Minuten). Alle Meerestiere in eine Schüssel geben, mit der Hälfte des Zitronensaftes, Pfeffer, 3 Eßlöffeln Öl und Salz nach Belieben würzen. Die Rucola putzen und waschen, hacken und zu den Meerestieren geben. Den Reis in Salzwasser kochen, auf ein Sieb schütten, unter kaltem Wasser abschrecken und mit den übrigen Zutaten vermischen. Alles zudecken und im Kühlschrank mindestens eine Stunde lang durchziehen lassen. Die Tomaten eine Minute in kochendem Wasser abbrühen, enthäuten und zusammen mit dem Knoblauch, der Schalotte, der Frühlingszwiebel (auch dem grünen Teil) und dem Dill hacken. 4 Eßlöffel Kochflüssigkeit von den Miesmuscheln in einer kleinen Kasserolle zum Kochen bringen und auf 1 Eßlöffel reduzieren, mit der Sahne aufgießen und darin das Tomatenpüree auflösen. Leicht köcheln lassen, bis die Sauce einzudicken beginnt. Pfeffern, nach Belieben salzen und den Zitronensaft, den Knoblauch, die Schalotte, die Frühlingszwiebel und den Dill sowie die Tomaten hinzugeben. Der Salat wird kalt mit lauwarmer Sauce serviert.

PAN BAGNÁ

Pan bagná

Für 4 Personen
1 Baguette
1 Zwiebel
4 reife Tomaten
1 kleine Paprikaschote

2 EL entsteinte Oliven
8 Anchovis in Öl
2 Knoblauchzehen
1 TL Senf aus Dijon
3 EL Obstessig
6 EL Olivenöl extravergine
Salz, frisch gemahlener Pfeffer

Die Knoblauchzehen schälen und mit der flachen Seite eines großen Messers zerdrücken. Mit dem Senf in eine Schüssel geben, Salz und Pfeffer hinzufügen sowie 3 Eßlöffel Essig und 6 Eßlöffel Öl und mit einem kleinen Schneebesen gut vermischen. Die Baguette so halbieren, daß beide Stücke noch aneinanderhängen, wie ein Buch öffnen und mit der Vinaigrette befeuchten. Darauf schichtweise die in Scheiben geschnittenen Tomaten, die Zwiebelringe, die gehackten Oliven und Anchovis sowie die von den Samen befreite, in Ringe geschnittene Paprikaschote legen. Die Baguette wieder schließen. In Alufolie einwickeln, über die ganze Länge mehrere Gewichte verteilen und 30 Minuten ruhen lassen. Dann quer in vier Teile schneiden. Diese traditionelle französische Zubereitung stellt ein vollständiges Mittagessen zur Sommerzeit dar.

INSALATA DI SPAGHETTI

Spaghettisalat

Für 4 Personen

300 g Spaghetti
2 Köpfe Trevisana (oder Radicchio)
150 g gekochte Maiskörner
10 Scheiben Mailänder Salami
4 Eier
1 EL gehackte Zwiebel
2 EL gehackte Petersilie
1 Knoblauchzehe
Chili- oder Pfefferschotenpulver
6 EL Olivenöl extravergine
Salz, frisch gemahlener Pfeffer

Die Eier in einer Schüssel mit einem Schneebesen leicht schaumig schlagen, mit der Zwiebel und der gehackten Petersilie vermischen, salzen und pfeffern. 1 Eßlöffel Öl in einer Teflonpfanne erhitzen, die Eimasse hineingießen und ein Omelette backen. Abkühlen lassen und in Stücke schneiden. Den Radicchio waschen und in Streifen schneiden. Die Salami in dünne Streifen schneiden. Die Spaghetti in Salzwasser al dente kochen, auf einen Durchschlag schütten und unter kaltem Wasser abschrecken. Gut abtropfen lassen. Wenn sie noch lauwarm sind, mit dem Salat, den Maiskörnern, den Salamistreifen und dem in Stücke gezupften Omelette vermischen. Mit Pfeffer, Chilipulver und dem gehackten Knoblauch würzen, salzen, das Olivenöl zugeben und sofort servieren.

INSALATA DI FAGIOLI E NERVETTI

Salat mit Bohnen und Nervetti

Für 4 Personen

1 Kopf Radicchio
1 Endivienherz
1 Bund Frühlingszwiebeln
400 g gekochte braune Bohnen
250 g Nervetti
1 Bund Petersilie
1 Bund Schnittlauch
10 Basilikumblätter
2 El Rotweinessig
4 El mit Knoblauch aromatisiertes
Olivenöl extravergine
Salz, frisch gemahlener Pfeffer

Die beiden Salatköpfe putzen und waschen, sehr fein schneiden. Die Bohnen mit reichlich Pfeffer, Salz, gehacktem Schnittlauch und Frühlingszwiebeln sowie dem zerkleinerten Basilikum würzen. Die Nervetti in Stückchen hinzugeben, gut durchmischen und an einem kühlen Ort einige Stunden durchziehen lassen. Die Petersilienblätter von den Stielen entfernen, waschen, trocknen und ganz belassen (vorzugsweise eine kleinblättrige Sorte verwenden). In einer Schüssel den Salat, die Petersilie und die Bohnen mit den Nervetti mischen und mit 2 Eßlöffeln Essig und 4 Eßlöffeln aromatisiertem Öl würzen.

Spaghettisalat

I · N · S · A · L · A · T · E

IN LETZTER MINUTE

Unvorhergesehene Gäste, die zum Abendessen bleiben, ein improvisiertes kleines Fest, ein schneller Imbiß vor dem Kinobesuch ... es gibt viele Gelegenheiten, bei denen man ein Essen zaubern muß, ohne es im Einkaufszettel des Tages berücksichtigt zu haben. Wenn Ihre Vorratskammer gut bestückt ist und sich im Kühlschrank noch Reste finden, dürfte es nicht schwerfallen, etwas Gutes zusammenzustellen, das über das herkömmliche Käse- oder Wurstbrot hinausgeht. In diesem Kapitel finden Sie eine Reihe von Rezepten, die vor allem aus tiefgekühlten Produkten und Konserven oder aus ganz einfachen Zutaten bereitet werden, die sich normalerweise in jedem Haushalt finden. Wir haben uns einfach in der Küche umgesehen und das Vorhandene miteinander kombiniert. Natürlich ist kein Vergleich zwischen frischen und konservierten Zutaten – das wollen wir auf keinen Fall abstreiten –, doch macht es auch Spaß, sich einen kleinen Vorrat schmackhafter Zutaten zuzulegen, die in Notsituationen plötzlich besonders wertvoll werden. Wer dem Industrieprodukt überhaupt nicht traut, kann die Konserven und die tiefgekühlten Zutaten auch selber zu Hause herstellen!

Vorhergehende Doppelseite:
Salat mit Bündner Fleisch

INSALATA CON BRESAOLA

Salat mit Bündner Fleisch

Für 4 Personen

4 Stangen Chicorée
1 kleiner Endiviensalat
250 g Bündner Fleisch oder italienisches luftgetrocknetes Rindfleisch (Bresaola)
Saft einer Zitrone
6 EL Olivenöl extravergine
Salz, frisch gemahlener Pfeffer

Den Endiviensalat waschen und in mundgerechte Stücke zupfen. Den Chicorée waschen. Das bittere Innere entfernen, die Blätter ablösen und in Stücke schneiden. Das Bündner Fleisch in Streifen schneiden, auf einen Teller legen und mit einer Vinaigrette aus folgenden Zutaten würzen: Saft einer Zitrone, Salz und 6 Eßlöffel Öl. 10 Minuten ziehen lassen. Das Bündner Fleisch und die Vinaigrette mit dem Salat vermischen, reichlich pfeffern und servieren.

PATATE NOVELLE IN INSALATA

Salat aus neuen Kartoffeln

Für 4 Personen

800 g neue festkochende Kartoffeln
2 rote Zwiebeln
1/2 Glas sauer eingelegte Gemüsemischung/Mixed Pickles
1 Bund Petersilie
1 TL Senfkörner
3 – 4 EL Rotwein- oder Sherryessig
1/2 Glas mit Thymian aromatisiertes Olivenöl extravergine
Salz, frisch gemahlener Pfeffer

Die sauer eingelegte Gemüsemischung von Hand oder im Mixer zerkleinern, mit den Senfkörnern mischen, 3 oder 4 Eßlöffel Essig und knapp 1/2 Glas Öl

Salat aus neuen Kartoffeln

Karottensalat

hinzugießen. Zwiebeln fein schneiden, zur Marinade hinzugeben und ungefähr 30 Minuten ziehen lassen. Die Kartoffeln gründlich reinigen, in Salzwasser garkochen, abtropfen lassen und mit der Schale in Stücke schneiden. Wenn sie noch warm sind, mit der Marinade und den Zwiebeln mischen, reichlich mit Petersilie bestreuen, salzen, pfeffern und vor dem Servieren noch einmal gut durchmischen.

INSALATA CON POLPETTE DI CARNE

Salat mit Fleischklößchen

Für 4 Personen

200 g gemischter Salat
1 Bleichsellerieherz
300 g Hackfleisch
40 g geriebener Parmesan
2 in Milch eingeweichte
und ausgedrückte Toastbrotscheiben
1 Bund Basilikum oder frische Petersilie
1 gehackte Knoblauchzehe
1 Ei
Mehl
Öl zum Backen
geriebene Muskatnuß
2 EL Sherryessig
4 EL Olivenöl extravergine
Salz, frisch gemahlener Pfeffer

Das Hackfleisch mit den ausgedrückten Toastbrotscheiben, dem Parmesan, dem Knoblauch, 2 Eßlöffeln gehackten Kräutern, 2 Prisen Muskatnuß, Salz und Pfeffer vermischen. Das Ei hinzufügen, nußgroße Klößchen formen und diese in Mehl wälzen. Den Salat putzen und waschen, mit den Händen in mundgerechte Stücke zupfen, das Sellerieherz waschen und grob hacken. Die Fleischklößchen in heißem Öl backen, auf Küchenkrepp abtropfen lassen und zum Salat geben. Mit Öl, Essig, Salz und Pfeffer würzen, durchmischen und servieren.

INSALATA DI CAROTE

Karottensalat

Für 4 Personen

500 g Karotten
1 Dose Palmherzen
50 g geröstete Erdnüsse
1 1/2 EL sauer eingelegte Kapern
2 EL frischer gehackter Dill
2 EL Zitronensaft
4 EL Walnußöl
Salz, frisch gemahlener Pfeffer

Die Karotten putzen und waschen, reiben und in einen Teller legen. Die Palmherzen abtropfen lassen und in Scheiben schneiden. Mit der Hälfte der Erdnüsse und den gehackten Kapern zu den Karotten geben, salzen, pfeffern und mit Zitronensaft, Öl und reichlich Dill würzen. 10 Minuten ziehen lassen und dabei immer wieder durchmischen. Die restlichen ganzen Kapern und Erdnüsse hinzugeben und servieren. Wenn der Salat pikanter schmecken soll, mit einer Vinaigrette aus folgenden Zutaten würzen: 1 Teelöffel scharfer Senf, 2 Eßlöffel Essig, 1 Prise gemahlener Ingwer, 3 Eßlöffel Walnußöl, Salz, reichlich Pfeffer.

INSALATA DI PATATE E FIOCCHI DI LATTE

Salat aus Kartoffeln und Hüttenkäse

Für 4 Personen

600 g gekochte Kartoffeln
400 g Hüttenkäse
2 hartgekochte Eier
1 bouquet garni (auch tiefgekühlt):
Petersilie, Basilikum, Minze,
Estragon, Sellerie- und Fenchelblätter
6 EL mit Knoblauch aromatisiertes
Olivenöl extravergine

3 EL mit Erdbeeren aromatisierter Essig
2 EL Crème fraîche
Salz, frisch gemahlener Pfeffer

Den Hüttenkäse mit der Crème fraîche, 1 Prise Salz und 1 Prise Pfeffer mischen. Alle Kräuter fein hacken, die Eier schälen, kleinschneiden und mit der Gabel zerdrücken. Zu den Kräutern geben, mit Salz, Pfeffer, 3 Eßlöffeln Essig und 6 Eßlöffeln Öl würzen. Die Kartoffeln schälen, in Scheiben schneiden, mit der Kräuter-Eiersauce würzen. Die Kartoffeln in einer Schüssel anrichten, den Hüttenkäse in die Mitte geben.

INSALATA DI VERZE

Kohlsalat

Für 4 Personen

1/2 Kopf Wirsing
1/2 Kopf Rotkohl
200 g Hartkäse
4 Anchovis in Öl
1 Schalotte
4 EL mit Schalotten aromatisierter Weinessig
6 EL Olivenöl extravergine
1 Prise Kümmelpulver
Tabascosauce
Salz, frisch gemahlener Pfeffer

Den Wirsing und den Rotkohl waschen und fein schneiden, den Käse mit einem Käsehobel in hauchdünne Scheibchen schneiden und mit dem Gemüse vermischen.
4 Eßlöffel Essig in einer Kasserolle erhitzen, die feingehackte Schalotte und die mit der Gabel zerdrückten Anchovis hinzugeben. Bei schwacher Hitze die Anchovis zerfallen lassen und die Schalotte glasig dünsten, Kümmelpulver und einige Tropfen Tabasco hinzugeben und vom Herd nehmen. Die Sauce mit dem Schneebesen schlagen und dabei langsam 6 Eßlöffel Öl hinzugeben. Die lauwarme Sauce über das Gemüse gießen, vermischen und servieren. Man kann den Salatteller auch mit einer dünnen Schicht aus Käsescheibchen überziehen und einige Sekunden unter den sehr heißen Grill stellen, bevor man die Sauce darübergibt.

Kohlsalat

Insalata di Tonno, Uova e Sgombro

Salat aus Thunfisch, Eiern und Makrele

Für 4 Personen
200 g Salat
(Feldsalat oder ein anderer)
1 Fenchelknolle
1 Dose Thunfisch in Öl
1 Dose Makrelen in Öl
4 hartgekochte Eier
150 g Mayonnaise
1 Tomate
1 zerdrückte Knoblauchzehe
1 TL Tomatenpüree
1 EL sauer eingelegte Kapern
1 TL Sardellenpaste
Olivenöl extravergine
Zitronensaft
frisch gemahlener Pfeffer

Die Zubereitung der Salatmarinade: Die Tomate brühen und enthäuten. Das Innere mit den Samen entfernen, den Rest in Würfel schneiden. Die Sardellenpaste und das Tomatenpüree mit der Mayonnaise verrühren, die Tomatenwürfel, die Kapern und den Knoblauch hinzugeben, vermischen und pfeffern. Den Salat waschen und trockenschleudern, den Fenchel waschen und in dünne Scheiben schneiden. Die Eier schälen und in Scheiben schneiden. Den Thunfisch und die Makrelen abtropfen lassen und mit einer Gabel in Stücke zerteilen. Auf vier Tellern mit den Eiern und dem Salat anrichten. Mit etwas Öl und Zitronensaft beträufeln. Die Salatmarinade getrennt servieren.

Insalata di Tonno Piccante

Pikanter Thunfischsalat

Für 4 Personen
1 kleiner Kopfsalat
2 Tomaten
1 Paprikaschote
300 g Thunfisch aus der Dose
1 EL schwarze Olivenpaste
1 EL Essiggürkchen
4 Anchovis in Öl
Chilipulver
Oregano
7 EL Olivenöl extravergine
3 EL mit Koriander und Pfefferschoten
aromatisierter Essig
Salz, frisch gemahlener Pfeffer

Den Kopfsalat waschen und trockenschleudern, mit den Händen in mundgerechte Stücke zupfen. Die Tomaten waschen und in Achtel schneiden. Die Paprikaschote in den heißen Ofen geben, bis die Haut platzt und sich vom Fleisch loslöst. Die Haut abziehen, die Samen entfernen und den Rest in Stücke schneiden. Den Thunfisch abtropfen lassen und mit der Gabel zerkleinern. Die Olivenpaste mit 2 Prisen Chilipulver, den gehackten Anchovis, etwas Salz und frisch gemahlenem Pfeffer mischen, die gehackten Essiggürkchen und 3 Eßlöffel Essig hinzugeben. Unter Schlagen mit dem Schneebesen langsam 7 Eßlöffel Öl hinzugeben. Alle Zutaten in eine Schüssel geben, würzen und sorgfältig durchmischen, mit Oregano bestreuen und servieren.

Salat aus Thunfisch, Eiern und Makrele

INSALATA DI FORMAGGI

Käsesalat

Für 4 Personen

1 Kopfsalat oder ein anderer großblättriger Salat
400 g verschiedene Hart- und Weichkäse
4 Scheiben Grau- oder Toastbrot
1 Knoblauchzehe und mit Thymian
aromatisiertes Olivenöl extravergine
zum Bestreichen
5 EL von demselben Öl
2 EL Sherryessig
2 EL Sherry
Salz, frisch gemahlener Pfeffer

Den Salat putzen und waschen, mit den Händen in mundgerechte Stücke zupfen. Die Hartkäse in Würfel schneiden, die Weichkäse mit der Gabel zerteilen. Die Brotscheiben toasten, mit Knoblauch und etwas Olivenöl bestreichen und in kleine Würfel schneiden.
In einer Schüssel 2 Eßlöffel Essig, 5 Eßlöffel Öl, Salz und Pfeffer verrühren. Den Sherry auf dem Herd erhitzen und zu der Vinaigrette geben.
Die Käsewürfel und den Salat in einer Schüssel verrühren, die im Ofen warm gehaltenen Brotwürfel hinzugeben und mit der Vinaigrette übergießen.

INSALATA DI FAGIOLI E FAGIOLINI

Salat aus Bohnen und Bohnenkernen

Für 4 Personen

400 g grüne Bohnen, auch tiefgekühlt
1 Dose grüne französische Bohnenkerne
(Flageolets)
300 g Tomaten
1 TL Senf
2 EL Sherryessig
6 EL mit Lorbeer aromatisiertes
Olivenöl extravergine
1 EL Zitronensaft
Salz, frisch gemahlener Pfeffer

Die Tomaten eine Minute in kochendem Wasser abbrühen, die Haut abziehen und mit den folgenden Zutaten im Mixer pürieren: 6 Eßlöffel Öl, 2 Eßlöffel Essig, 1 Eßlöffel Zitronensaft, Senf, Salz und Pfeffer. Die Vinaigrette in den Kühlschrank stellen. In der Zwischenzeit die Bohnen in Salzwasser 10 Minuten kochen, auf einem Sieb abtropfen lassen und in Stücke schneiden. Die Bohnenkerne aus der Dose auf ein Sieb geben, unter fließendem Wasser waschen und abtropfen lassen, zu den grünen Bohnen geben. Mit einigen Löffeln Vinaigrette vermischen, die restliche Vinaigrette getrennt servieren.

INSALATA DI WÜRSTEL AGRODOLCE

Süßsaurer Würstchensalat

Für 4 Personen

4 Wiener oder Frankfurter Würstchen
4 Gewürzgurken
1 Kopfsalat
einige Korianderkörner
1/2 TL Fenchelsamen
1 Knoblauchzehe
1 Lauchstange
1 TL Rohrzucker
3 EL Obstessig
6 EL Olivenöl extravergine
Salz, frisch gemahlener Pfeffer

Die Würstchen enthäuten und in dünne Scheiben schneiden, die Gurken und den Lauch in Scheiben schneiden, die Zutaten vermischen. Die Fenchel- und Koriandersamen, die geschälte Knoblauchzehe und den Zucker im Mörser zerstoßen, mit 3 Eßlöffeln Essig und 6 Eßlöffeln Öl vermischen, salzen und pfeffern. Die Vinaigrette über die Würstchen gießen und alles einige Minuten in den gut vorgewärmten Ofen stellen. Den Würstchensalat auf einem Bett aus feingeschnittenem Kopfsalat servieren und die warme Sauce darübergießen.

CAESAR SALAD

Salat Cäsar

Für 4 Personen

1 Kopfsalat oder ein anderer knackiger Salat

2 hartgekochte Eier

150 g geriebener Gruyère

3 Scheiben in Würfel geschnittenes Graubrot

1 Ei

1 zerdrückte Knoblauchzehe

2 El Zitronensaft

4 gehackte Anchovisfilets

4 EL Olivenöl extravergine

Salz, frisch gemahlener Pfeffer

Den Salat putzen und waschen, mit den Händen in mundgerechte Stücke zupfen. Zusammen mit den hartgekochten Eiern und dem Käse, die beide in Würfel geschnitten wurden, in eine Schüssel geben. In einer anderen Schüssel die Anchovis mit dem Knoblauch, dem Zitronensaft, einem Eigelb, reichlich Pfeffer und 4 Eßlöffeln Öl mischen. Die Brotwürfel in einer Pfanne in Olivenöl goldgelb rösten, zum Salat geben, die Salatsauce darübergießen, durchmischen und servieren.

BAGNA CAODA

Bagna caoda

Für 4 Personen

1/4 l Walnußöl

50 g Butter

100 g in Salz eingelegte Anchovis

6 Knoblauchzehen

1 kg gemischtes Gemüse (Paprika, Karotten, Sellerie, Radicchio, Chicorée usw.)

frisch gemahlener Pfeffer

Die Knoblauchzehen schälen und in feine Scheiben schneiden. Die Anchovis gründlich waschen, mit Küchenkrepp abtrocknen und hacken. In einem irdenen Topf die Butter schmelzen, den Knoblauch darin glasig dünsten, die Anchovis hinzufügen und nach und nach das Öl hinzugeben. 20 Minuten leicht köcheln lassen und dabei mit einem Holzlöffel umrühren. In der Zwischenzeit die Gemüse waschen, mit Küchenkrepp abtrocknen und in die geeignete Form schneiden: die Paprikaschote in längliche Streifen, Karotten und Sellerie in Stifte; die Salatblätter in mundgerechte Stücke zupfen (das Innere dabei nicht entfernen). Wenn die Bagna caoda fertig ist, leicht pfeffern und heiß auf den Tisch stellen. Die Gemüse werden hineingetunkt und so gegessen.

INSALATA MESSICANA CON GAMBERI

Mexikanischer Salat mit Garnelen

Für 4 Personen

300 g bereits zugeschnittenes, tiefgekühltes, gemischtes Gemüse (Paprika, Bohnen, Erbsen)

100 g tiefgekühlter Mais

100 g tiefgekühlte Karotten

300 g tiefgekühlte Garnelen

das Herz eines krausen Endiviensalats

200 g Mayonnaise

0,1 l süße Sahne

Mexikanischer Salat mit Garnelen

2 EL Zitronensaft
2 – 3 EL frische oder 2 TL getrocknete Minze
4 EL Olivenöl extravergine
1 gehackte Knoblauchzehe
Salz, frisch gemahlener Jamaikapfeffer

Die tiefgekühlten Gemüsesorten 10 Minuten in Salzwasser kochen, auf ein Sieb schütten und abtropfen lassen. Die Garnelen 5 Minuten kochen. Abkühlen lassen, auslösen und die Zutaten in eine Schüssel geben, mit 2 Eßlöffeln Zitronensaft, 4 Eßlöffeln Öl, 1 Eßlöffel gehackter Minze (oder 1 Teelöffel getrockneter Minze, wie man sie in Kräuterhandlungen erhält), dem gehackten Knoblauch, Salz und Pfeffer würzen. Getrennt davon die Mayonnaise mit 1 Eßlöffel Zitronensaft, der Sahne und Minze nach Belieben verrühren. Den gewaschenen und in mundgerechte Stücke gezupften Salat zum Gemüse geben, gut durchmischen. Die Minzenmayonnaise getrennt servieren.

I · N · S · A · L · A · T · E

ROMANTISCH

Es ist das erste Mal, daß Sie jemanden zum Abendessen einladen, oder das x-te Mal, und Sie wissen nicht, was Sie erfinden sollen, um nicht phantasielos zu wirken. Vielleicht ist es der Jahrestag Ihrer ersten Begegnung, und Sie wollen auch bei Tisch mit den natürlichen Farben der Liebe, der Leidenschaft oder der Zuneigung gute Stimmung verbreiten. Vielleicht ist Valentinstag, und Sie wollen mit etwas ganz Besonderem und zart Romantischem überraschen. Diese Salate sind dafür genau richtig: delikat oder pikant, je nachdem, ob die Farbe Ihrer Verliebtheit Rosa oder Feuerrot ist. Garniert mit Blüten und mit dem Duft einer Rose, doch stets ausschließlich für zwei. Servieren Sie die Salate beim milden Licht einer Kerze, und betrachten Sie dies als liebevollen Prolog zu einem wirklich romantischen Abend.

Vorhergehende Doppelseite:
Crêpes mit Salat und Scampi

CRÊPES DI INSALATA E SCAMPI

Crêpes mit Salat und Sacmpi

Für 2 Personen

Für die Crêpes:

125 g Mehl

0,1 l Milch

1 EL Öl, Salz, Zucker, 2 Eier

Für die Füllung:

12 Scampi

100 g gemischter Salat

1 Bund Schnittlauch

1 Gläschen trockener Vermouth

1 Schalotte

0,1 l frische Sahne, 40 g Butter

1 EL Zitronensaft

Zitronenschale in Streifen

Salz, rosa Pfeffer

Das Mehl mit den Eiern verrühren und nach und nach die Milch unter Rühren hinzufügen. 1 Eßlöffel Öl, je 1 Prise Salz und Zucker hinzugeben. Den Teig eine halbe Stunde ruhen lassen. In einer Teflonpfanne ein Stückchen Butter erhitzen, 2 Eßlöffel flüssigen Teig hineingeben und gleichmäßig auf dem Boden verteilen. Die Crêpe auf beiden Seiten backen und auf einen Teller gleiten lassen. Auf dieselbe Weise drei weitere Crêpes zubereiten. Den Salat waschen, größere Blätter kleinschneiden. Die Scampi in Salzwasser fünf Minuten lang kochen, auf einem Sieb abtropfen lassen und schälen. Die Schalen in einen Mörser geben und mit 40 g Butter zu einem Püree verarbeiten. Diese Scampibutter in einer Kasserolle erhitzen, die gehackte Schalotte hinzugeben und fünf Minuten lang dünsten, salzen, pfeffern und die Sahne hinzugeben. Wenn die Sauce dicklich wird, die Zitrone hinzugeben, vom Herd nehmen und durch ein Sieb streichen. Warm stellen. In die Mitte jeder Crêpe ein Häufchen Salat und drei Scampi legen. Die Crêpes von beiden Seiten zusammenschlagen und mit einem Streifen Zitronenschale zusammenhalten. Für eine Minute in den warmen Ofen stellen. Mit der warmen Sauce servieren.

Lachssalat mit Gurke

INSALATA DI SALMONE E CETRIOLO

Lachssalat mit Gurke

Für 2 Personen

6 Scheiben Räucherlachs
1/2 Salatgurke
das Herz eines krausen Endiviensalats
1 Bund Dill
1 EL Rohrzucker
Saft einer Limette
4 EL mit Dill aromatisiertes Olivenöl extravergine
weißer Pfeffer, Salz

Die Gurke schälen, in Scheiben schneiden, leicht salzen und auf einem Küchentuch eine halbe Stunde lang ruhen lassen. Die Scheiben abtrocknen und mit dem gewaschenen und in Stücke gezupften Endiviensalat mischen. Zwei Lachsscheiben in Würfel schneiden und zum Salat geben. Aus jeder verbliebenen Lachsscheibe eine Rose bilden, in ihre Mitte einen Zweig Dill legen. In ein verschließbares Gefäß (Marmeladenglas) 1 Teelöffel Zucker, den Saft der Limette, 2 Prisen weißen Pfeffer, Salz und 4 Eßlöffel Öl geben, das Gefäß verschließen und so lange schütteln, bis sich der Zucker aufgelöst hat. Über den Salat gießen, vermischen und in zwei Schalen anrichten. Mit den Lachsrosen und gehacktem Dill garnieren.

INSALATA DI SEDANO RAPA

Selleriesalat

Für 2 Personen

250 g Knollensellerie
1 Schale Gartenkresse
2 hartgekochte Eier
1 Eigelb
1 EL Senf aus Dijon
2 TL Crème fraîche
0,15 l Öl
den Saft einer Zitrone
Salz, Pfeffer

Den Sellerie schälen und in feine Stifte raspeln. Diese wenige Sekunden lang in kochendes, mit Zitronensaft gesäuertes Wasser tauchen, auf ein Sieb geben und unter fließendem Wasser abkühlen lassen. In einer Schüssel das Eigelb mit dem Senf und einer Prise Salz verrühren. Nach und nach das Olivenöl hinzugeben und diese Mayonnaise dauernd schlagen, bis sie ganz steif und homogen geworden ist, mit der Crème fraîche und 1 Eßlöffel Zitronensaft strecken, nach Belieben salzen und pfeffern. Den Sellerie mit 1 Eßlöffel dieser Mayonnaise vermischen und kühl stellen. Die hartgekochten Eier in Scheiben schneiden. Die Ränder zweier Teller abwechselnd mit den Eierscheiben und je einem Häufchen Gartenkresse garnieren. Den Selleriesalat in die Mitte geben und servieren.

Chicoréesalat mit Rose

INSALATA DI INDIVIA BELGA E ROSE

Chicoréesalat mit Rose

Für 2 Personen

3 Chicorée

1 Rose

1 kleiner Granatapfel

2 EL Weißweinessig

4 EL Olivenöl extravergine

Salz, frisch gemahlener weißer und rosa Pfeffer

Vom Chicorée den bitteren Kern entfernen, die einzelnen Blätter ablösen, waschen und abtrocknen, auf 2 Tellern anordnen und den Salat mit je 2 Eßlöffeln Granatapfelkörner und einigen Rosenblättern bestreuen. Je eine Prise weißen und rosa Pfeffer über den Salat geben. Die restlichen Körner des Granatapfels auslösen, in ein feines Tuch legen, ausdrücken und den Saft in einer Schüssel auffangen. Diesen salzen, pfeffern und 2 Eßlöffel Essig und 4 Eßlöffel Öl zufügen. Die Vinaigrette gut mit einem Schneebesen schlagen und vor dem Servieren über den Salat gießen.

INSALATA AI QATTRO FORMAGGI

Salat aus vier Käsesorten

Für 2 Personen

das Herz eines krausen Endiviensalats

1 Fenchelknolle

60 g Parmesan, in dünne Schuppen gehobelt

50 g Provolone dolce

60 g Camembert

60 g Tomino

1 EL Fenchelsamen

2 Zwiebelscheiben

2 Essiggürkchen

2 EL Rotweinessig

4 EL Olivenöl extravergine

Salz und Pfeffer

Den Salat waschen und in mundgerechte Stücke zupfen, den Fenchel waschen und fein schneiden. Den Parmesan in dünne Schuppen hobeln, die anderen Käse in Würfel schneiden und zum Salat geben. Die Fenchelsamen im Mörser zerstoßen, die in kleinste Würfel geschnittene Zwiebel und die zerkleinerten Essiggürkchen hinzugeben und alles zu einer Paste verarbeiten. Nach und nach 2 Eßlöffel Essig und 4 Eßlöffel Öl hinzugeben, salzen und pfeffern. Den Salat mit dieser Vinaigrette übergießen und kurz darauf servieren.

INSALATA DI ANIMELLE

Briessalat

Für 2 Personen

200 g ganz frisches Bries

50 g krausen Endiviensalat

50 g Rucola

1 Radicchio

Salat mit pikanter Sauce

2 EL Rotweinessig

4 EL Walnußöl

Butter

Salz, Pfeffer

Das Bries unter fließendem Wasser waschen. Zwei Minuten in kochendes Wasser legen, auf einem Sieb abtropfen lassen, die Häute und Sehnen entfernen. Den Salat putzen und waschen, die Blätter in mundgerechte Stücke zupfen. Eine Vinaigrette aus folgenden Zutaten bereiten: 2 Eßlöffel Essig, 4 Eßlöffel Walnußöl, Salz und Pfeffer. Den gemischten Salat damit vermischen und auf zwei Teller verteilen. Das Bries in haselnußgroße Stückchen schneiden, mit etwas Butter in der Pfanne kurz anbraten, salzen, pfeffern, nach zwei Minuten zum Salat geben und sofort servieren.

INSALATA CON SALSA PICCANTE

Salat mit pikanter Sauce

Für 2 Personen

80 g Frühlingssalat

(grüner Eichblattsalat, Feldsalat)

6 Radieschen

1 Weißkohl

6 Maiskölbchen aus der Dose

60 g cremiger Frischkäse

(zum Beispiel Philadelphia)

0,1 l süße Sahne

3 EL Ketchup

1 EL Zitronensaft

1 EL Paprikapulver

Worcestersauce

Tabascosauce

Salz, Pfeffer

Den Salat waschen und trockenschleudern, die Radieschen putzen und in Scheiben schneiden. 100 g Weißkohl und die Maiskölbchen in ganz feine Scheiben schneiden. Die Gemüse und die Salate gut vermischen und auf zwei Schalen verteilen. In einer Schüssel den Käse mit einer Gabel zerdrücken und mit der Sahne und dem Ketchup verrühren. Diese Marinade mit 1 Eßlöffel Zitronensaft, dem Paprikapulver, nach Belieben mit einigen Tropfen Worcester- und Tabascosauce würzen. Eventuell nachsalzen und die Marinade getrennt zum Salat servieren.

INSALATA DI FAGIOLINI E FILETTO

Bohnensalat mit Rinderfilet

Für 2 Personen

das Herz eines Kopfsalats

150 g gemischte gelbe und grüne Bohnen

200 g Rinderfilet

1 EL grüner Pfeffer aus der Dose

2 hartgekochte Eier

knapp 0,1 l Crème fraîche

1 EL gehackte Petersilie

2 EL mit grünem Pfeffer

aromatisierter Weißweinessig

1 EL gehackte Zwiebel

3 EL Olivenöl extravergine

Salz und schwarzer Pfeffer

Den Kopfsalat waschen und trockenschleudern, die ganzen Blätter auf zwei Teller legen. Die Bohnen von den Fäden befreien und 10 Minuten in Salzwasser gar kochen. Das Filet in Würfel schneiden und mindestens eine Stunde mit der Hälfte des zerstoßenen grünen Pfeffers und 2 Eßlöffeln Öl marinieren. In der Zwischenzeit die beiden hartgekochten Eigelbe durch ein Sieb streichen, mit 2 Eßlöffeln aromatisiertem Essig und 1 Eßlöffel Öl vermischen. Die Crème fraîche nach und nach hinzugeben. Wenn die Marinade homogen geworden ist, mit dem restlichen grünen Pfeffer, der Petersilie, der Zwiebel und etwas frisch gemahlenem schwarzen Pfeffer würzen. Die Filetstückchen in einer feuerfesten Form unter den heißen Grill stellen. Wenn das Fleisch leicht gebräunt, innen aber noch blutig ist, salzen und mit den Bohnen auf den Kopfsalatblättern anrichten. Die Marinade wird getrennt serviert.

INSALATA ALLO ZENZERO

Salat mit Ingwer

Für 2 Personen

50 g Feldsalat
300 g junge Karotten
2 kleine Orangen
1 Stückchen frische Ingwerwurzel
1 EL gehackte Petersilie
1 EL Orangensaft
3 EL Erdbeeressig
4 EL Olivenöl extravergine
Salz, Pfeffer

Die Karotten putzen, erst in Scheiben, dann in Stäbchen schneiden. Zehn Minuten über Dampf garen und abkühlen lassen. Die Orange schälen, das Fruchtfleisch in Scheiben schneiden und zu den Karotten geben. Den Ingwer schälen und fein hacken. 3 Eßlöffel Essig erhitzen und auf die Hälfte einkochen, 2 Prisen Salz, 1 Prise Pfeffer, den Orangensaft und 4 Eßlöffel Öl hinzugeben. Diese Vinaigrette über die Karotten gießen, den Ingwer hinzugeben und gut durchmischen. Zwei Stunden im Kühlschrank durchziehen lassen. Vor dem Servieren den gewaschenen und abgetrockneten Feldsalat und die gehackte Petersilie hinzugeben.

INSALATA DI PATATE ALLO SPUMANTE

Salat mit Kartoffeln und Spumante

Für 2 Personen

300 g neue kleine Kartoffeln
200 g Scampi
Schnittlauch
Petersilie
Basilikum
Dill, Thymian, Estragon
1 Glas trockener Spumante (Schaumwein)
2 EL Champagneressig
3 EL Olivenöl extravergine
1 EL Mandelstifte

Die Kartoffeln unter fließendem Wasser gründlich bürsten. In Salzwasser gar kochen und auf einem Durchschlag abkühlen lassen. Mit der Schale in Scheiben schneiden und in eine Salatschüssel geben. Die Scampi 5 Minuten kochen, auf einem Durchschlag abtropfen lassen und schälen. Zu den Kartoffeln geben, salzen, pfeffern und alles mit einem großen Glas Spumante und 2 Eßlöffeln Champagneressig begießen.
Die Kräuter hacken und unter den Salat mischen. An einem kühlen Ort einige Stunden ziehen lassen, dann mit 3 Eßlöffeln Öl und noch etwas Spumante würzen und gleich servieren.

INSALATA DI FINOCCHI AL VAPORE E SALSA MALTESE

Fenchelsalat mit Malteser Sauce

Für 2 Personen

2 schöne runde Fenchelknollen
das Herz eines krausen Endiviensalats
2 Seezungenfilets
100 g Butter
2 Eigelbe
3 EL Saft einer ungespritzten Orange
1 TL abgeriebene Orangenschale
1 TL Zitronensaft
Paprikapulver, Pfeffer und Salz

Die Fenchel putzen und in Scheiben schneiden, den Salat waschen und abtrocknen. Die Seezungenfilets mit einer Prise Paprika bestäuben, jedes Filet halbieren.
Die Fenchelknollen über Dampf 15 Minuten garen; während der letzten 5 Minuten den Fisch hinzugeben. Die Eigelbe und 3 Eßlöffel Orangensaft in einem kleinen Gefäß im Wasserbad schlagen. Nach und nach die geschmolzene Butter zugeben und weiterschlagen. Vom Feuer nehmen, nach Belieben salzen und pfeffern, mit abgeriebener Orangenschale, Zitronensaft und Paprikapulver würzen. Zwei Teller am Rand mit Endiviensalat garnieren, in die Mitte die Fenchelhälften und die Fischfilets legen. Mit der warmen Sauce übergießen und servieren.

Salat mit Ingwer

INSALATA DI SEDANO CON SALSA DI NOCI

Selleriesalat mit Nußsauce

Für 2 Personen
1 Bund Schnittsalat
1 Bleichsellerieherz
100 g Joghurt
1 EL Zitronensaft
2 EL gehackte Walnüsse
2 EL Olivenöl extravergine
Salz, Pfeffer

Den Schnittsalat sorgfältig waschen und erneut bündeln. So fein wie möglich schneiden und auf zwei Teller verteilen. Den Bleichsellerie waschen und mit den Blättern in Stückchen schneiden. Den Joghurt mit dem Zitronensaft und 2 Eßlöffeln Öl mischen, salzen, pfeffern und die Walnüsse hinzugeben. Den Sellerie mit 2 Eßlöffeln Marinade übergießen und in der Mitte des Tellers anrichten. Die übrige Marinade getrennt servieren.

INSALATA DI POLLO CON SALSA AGRODOLCE

Süßsaurer Salat aus Hühnerfleisch

Für 2 Personen
250 g gekochtes Huhn
das Herz eines Kopfsalats
60 g Feldsalat
100 g frische Ananas
1 EL Rohrzucker
1 EL Essig
Cayennepfeffer
frisch gemahlener schwarzer Pfeffer
Knoblauchsalz

Den Feldsalat und den Kopfsalat waschen, abtrocknen und auf zwei Schalen anrichten. Das Hühnerfleisch in Streifen schneiden und in die Mitte des Salats geben. Die Ananas fein hacken, 2 Eßlöffel Ananassaft auffangen und in einer kleinen Kasserolle erhitzen. Den Zucker hinzugeben und auflösen. Essig, gehackte Ananas, Knoblauchsalz, Cayennepfeffer und schwarzen Pfeffer hinzugeben. Alle Zutaten gut vermischen. Die Sauce abkühlen lassen und noch lauwarm über den Salat gießen.

INSALATA DI UOVA DI QUAGLIA E PISTACCHI

Salat mit Wachteleiern und Pistazien

Für 2 Personen
150 g roter Eichblattsalat
10 Wachteleier
1 EL geschälte Pistazien
1 Tomate
1 Bund Kerbel
1 EL grüner Pfeffer
1 1/2 EL mit grünem Pfeffer
aromatisierter Essig
3 EL Olivenöl extravergine
Salz

Den Salat putzen und waschen. Die Tomate in Achtel schneiden. Die Wachteleier in eine kleine Kasserolle mit kaltem Wasser legen und auf dem Herd erhitzen. Wenn das Wasser zu kochen beginnt, die Eier herausnehmen und unter fließendem Wasser abschrecken, schälen und halbieren. Die Pistazien 1 Minute in kochendem Wasser abbrühen und die äußere Haut entfernen. 1 1/2 Eßlöffel Essig mit 3 Eßlöffeln Öl vermischen, den gehackten Kerbel und den grünen Pfeffer hinzugeben, nach Bedarf salzen. Den Salat, die Tomaten und die Eier auf zwei Tellern verteilen. Mit der Vinaigrette übergießen, mit gehackten Pistazien bestreuen und mit einigen Kerbelblättern garnieren.

Salat mit Wachteleiern und Pistazien

I · N · S · A · L · A · T · E

VEGETARISCH

Vegetarisch zu leben und mehr oder minder rigorose Diäten zu befolgen, ist eine Lebensweise, die sich heute immer weiter verbreitet. Ein Buch über Salate ist sicher am besten geeignet, Ihnen eine gesunde Ernährungsweise näherzubringen, die in den Ländern des Ostens große Tradition hat, im Westen aber noch recht neu ist. Vegetarisch zu leben bedeutet natürlich nicht, nur Früchte und Gemüse zu essen. Für eine ausgeglichene Ernährung muß man größere Mengen pflanzlicher Proteine aufnehmen, die dem frischen Gemüse fast völlig fehlen. Getreidesorten und vor allem Hülsenfrüchte eignen sich am besten als Ersatz für das Fleisch. Deswegen finden Sie in diesem Kapitel vor allem Salate mit Bohnenkernen, Kichererbsen, Burghul, Vollkornreis, Gerste, Linsen und dem Sojakäse Tofu. In der typischen westlichen Küche sind diese Zutaten unbekannt oder fast verschwunden. Doch handelt es sich um althergebrachte Nahrungsmittel, die durch neue Kombinationen eine Renaissance erleben können. Im neuen appetitlichen Gewand sind sie auch für die überzeugtesten Fleischesser eine Entdeckung.

Vorhergehende Doppelseite:
Salat aus Burghul und Algen

INSALATA DI BURGHUL E ALGHE

Salat aus Burghul und Algen

Für 4 Personen

120 g Burghul

100 g Kichererbsen, am Vorabend eingeweicht

20 g getrocknete Algen

3 EL Olivenöl extravergine

Tamari (Sojasauce)

Salz, frisch gemahlener Pfeffer

Den Burghul unter fließendem Wasser waschen, 30 Minuten in Salzwasser kochen und auf einem Sieb abtropfen lassen. Die Kichererbsen in leicht gesalzenem Wasser 3 Stunden kochen, bis sie zart geworden sind. Die Algen 5 Minuten in kaltes Wasser legen, abtropfen lassen und in Streifen schneiden, dann 5 Minuten in Wasser kochen. 3 Eßlöffel Öl in einer großen Pfanne erhitzen, die Kichererbsen und die Algen einige Minuten darin dünsten, mit dem Burghul vermischen, nach Belieben mit Sojasauce würzen und servieren.

INSALATA PRIMAVERILE DI ORZO

Frühlingssalat mit Graupen

Für 4 Personen

200 g Graupen

50 g Sojabohnenkeimlinge

1 kleine Karotte

1 Kopf Radicchio

einige krause Endivienblätter

einige glatte Endivienblätter

1 kleine Fenchelknolle

grüne und schwarze Oliven

1/2 Knoblauchzehe

6 EL Olivenöl extravergine

Saft von einer Zitrone

Salz, frisch gemahlener Jamaikapfeffer

Frühlingssalat mit Graupen

Die Graupen gründlich unter fließendem Wasser spülen, um die Stärke zu entfernen, und 1 1/2 Stunden in Salzwasser kochen, auf einem Sieb abtropfen lassen und kurz abschrecken. In der Zwischenzeit die Gemüse putzen und waschen, die Karotten raspeln, den Salat in mundgerechte Stücke zupfen, einige Oliven entsteinen und hacken, den Fenchel ebenfalls hacken. Die Graupen, den Salat, die Karotten, die Sojabohnenkeimlinge und den Fenchel in eine Schüssel geben, nach Belieben einige ganze Oliven darauf verteilen. Den Zitronensaft mit 6 Eßlöffeln Öl, Salz und reichlich frisch gemahlenem Pfeffer vermischen, die Graupen damit übergießen und mindestens 30 Minuten ziehen lassen.

INSALATA AI FIOCCHI DI CEREALI

Salat aus Getreideflocken

Für 4 Personen

2 Bund Schnittendivie
1 Karotte
1 Zucchini
5 Radieschen
3 EL Reisflocken
3 EL Haferflocken
2 TL Senf
3 EL Joghurt
1/2 Glas Olivenöl extravergine
Saft von einer Zitrone
Salz, frisch gemahlener Pfeffer

In einer Schüssel den Senf mit dem Zitronensaft und dem Joghurt vermischen, salzen, pfeffern, unter dauerndem Schlagen mit dem Schneebesen das Öl hinzufügen, schließlich die geputzten und gehackten Radieschen dazugeben. Die Getreideflocken 5 Minuten in kochendes Wasser geben, auf einem Sieb abtropfen lassen und mit 2 Eßlöffeln Marinade vermischen. 20 Minuten ziehen lassen. Die Zucchini und die Karotte putzen, beide erst in Scheiben, dann in Stifte schneiden. Den Schnittendiviensalat so fein wie möglich schneiden, in kaltes Wasser legen, auf einem Durchschlag abtropfen lassen und sorgfältig auf einem Tuch abtrocknen. Das Gemüse und die Getreideflocken auf den Tellern anrichten, mit einigen Löffeln Marinade würzen. Den Rest der Marinade getrennt servieren.

INSALATA DI RISO E FUNGHI

Salat mit Reis und Pilzen

Für 4 Personen

200 g Vollkornreis (parboiled)
500 g Champignons
1 EL Rohrzucker
4 EL Rotweinessig
1 TL Koriandersamen
2 Pfefferkörner mit Nelkenaroma
1 Prise Zimtpulver
1 Lorbeerblatt
1 TL Tomatenpüree
1 Prise Cayennepfeffer
2 EL gehackte Zwiebel
6 EL Olivenöl extravergine
Salz, frisch gemahlener Pfeffer

Die Pilze putzen und in Scheiben schneiden. 2 Minuten in Salzwasser kochen, auf einem Sieb abtropfen lassen. 6 Eßlöffel Öl und das Lorbeerblatt in einer Pfanne erhitzen, die gehackten Zwiebeln hinzugeben und leicht dünsten, den Zucker, die pulverisierten Gewürze, den frisch gemahlenen Nelkenpfeffer und die Koriandersamen darüberstreuen und 1 Minute anbraten. Mit Tomatenpüree verrühren. Den Essig und die Pilze hinzugeben und 5 Minuten kochen lassen. Vom Herd nehmen und abkühlen lassen. Den Vollkornreis 30 Minuten in Salzwasser garkochen, auf einem Sieb abtropfen lassen, die Pilze mit ihrem Saft darübergießen. Alles gut vermischen, pfeffern und bei Bedarf weiteres Öl hinzufügen. Vor dem Servieren 2 Stunden in den Kühlschrank stellen.

Salat aus Getreideflocken

SOIA IN INSALATA

Sojabohnensalat

Für 4 Personen

250 g Sojabohnen

1 großes bouquet garni

(Kerbel, Minze, Estragon, Petersilie, Schnittlauch, Majoran usw.)

2 Knoblauchzehen

3 Tomaten

3 EL Weißweinessig

8 EL Olivenöl extravergine

Salz, Pfeffer

Die Sojabohnen über Nacht in Wasser einweichen, auf einem Sieb abtropfen lassen und 1 1/2 bis 2 Stunden in ungesalzenem Wasser kochen. Abtropfen und abkühlen lassen. In der Zwischenzeit die Tomaten 1 Minute in kochendem Wasser abbrühen und die Haut abziehen. Das flüssige Innere und die Samen entfernen, den Rest grob hacken, mit Salz, Pfeffer, 3 Eßlöffeln Essig und 8 Eßlöffeln Öl würzen.
Die gehackten Kräuter und die ganz belassenen Knoblauchzehen hinzugeben und ziehen lassen, während die Sojabohnen gar kochen.
Die Sojabohnen in einer Schüssel mit der Tomatensauce vermischen und servieren.

INSALATA DI FAGIOLI ALLE ERBE

Bohnenkernsalat mit Kräutern

Für 4 Personen

200 g Limabohnen, am Vorabend in Wasser eingeweicht

1 Lauchstange

1 Bund Basilikum

einige Rosmarinzweige

2 Lorbeerblätter

6 EL Olivenöl extravergine

3 EL mit Knoblauch aromatisierter Essig

Salz, frisch gemahlener schwarzer Pfeffer

Die Bohnenkerne waschen, mit Wasser in eine Kasserolle geben, etwas Salz, die Lorbeerblätter und 2 Rosmarinzweige hinzugeben. Zum Kochen bringen und bei geringer Hitze 1 1/2 Stunden köcheln lassen. In der Zwischenzeit den Lauch putzen und fein schneiden, in kaltes Wasser legen und dieses im Laufe einer Stunde öfter wechseln. Die Basilikumblätter putzen und fein schneiden, den Rosmarin putzen und fein hacken. Wenn die Bohnenkerne gar sind, auf einem Sieb abtropfen lassen und noch warm mit den Kräutern, dem Lauch, 3 Eßlöffeln Essig und 6 Eßlöffeln Olivenöl würzen, reichlich pfeffern. Kalt oder warm servieren.

INSALATA MISTA DI RISO E LENTICCHIE

Gemischter Reissalat mit Linsen

Für 4 Personen

1 krauser Endiviensalat

100 g Langkornreis (Patna)

2 EL Wildreis

150 g gekochte Linsen

1 gekochte Karotte

1 Tomate

1 Bund Basilikum

Petersilie, Schnittlauch

1 Knoblauchzehe

2 Tassen Gemüsebrühe

2 EL Obstessig

4 EL Olivenöl extravergine

Salz, frisch gemahlener Pfeffer

Die beiden Reissorten mit 2 Tassen Gemüsebrühe bei geschlossenem Deckel kochen, bis die Feuchtigkeit ganz aufgenommen ist. Den Reis in einer Schüssel abkühlen lassen. Mit den Linsen vermischen. Die Tomate und die Karotte in Würfel schneiden und dazugeben. Die Kräuter putzen und fein hacken, eine halbe Knoblauchzehe zerstoßen und zu der

Bohnenkernsalat
mit Kräutern

Reis-Linsenmischung geben. Mit Salz, Pfeffer, 2 Eßlöffeln Obstessig und 4 Eßlöffeln Olivenöl würzen. Den Salat waschen, trockenschleudern und in mundgerechte Stücke zupfen, die Hälfte davon zu der Reis-Linsenmischung geben, den Rest auf einem Servierteller anordnen. Den Salat mit dem Reis-Linsensalat bedecken und servieren.

INSALATA DI PANE

Brotsalat

Für 4 Personen

250 g altbackenes Brot
eine Handvoll Basilikumblätter
1 kleine Zwiebel
2 Tomaten
4 EL Rotweinessig
4 – 5 El Olivenöl extravergine
Salz, frisch gemahlener Pfeffer

Das Brot in einer Schüssel mit Wasser quellen lassen und möglichst stark ausdrücken, um alles Wasser zu entfernen. Die Tomaten und die Zwiebel fein schneiden, mit den kleingezupften Basilikumblättern, Salz und Pfeffer zum Brot geben. 2 bis 3 Stunden ziehen lassen. Vor dem Servieren mit 4 Eßlöffeln Essig und reichlich Öl würzen, sorgfältig vermischen und noch einmal frisches Basilikum hinzugeben.

COUS COUS IN INSALATA

Kuskussalat

Für 4 Personen

250 g gekochter Kuskus
1/4 gelbe Paprikaschote
1/4 rote Paprikaschote
1 kleine Aubergine
1 Zucchini
1 TL Kümmelsamen

Kurkumapulver
Chilipulver
2 Knoblauchzehen mit Schale
5 EL Olivenöl extravergine
Salz, frisch gemahlener Pfeffer

0,3 l Wasser zum Kochen bringen, salzen, Kurkumapulver und 1 Eßlöffel Öl hinzugeben, den Kuskus hineingeben, vom Herd nehmen und 5 Minuten zugedeckt stehen lassen. Den Kuskus in ein flaches Gefäß stürzen und mit der Gabel aufbrechen. Die Gemüse putzen und waschen, in Würfel schneiden, 4 Eßlöffel Öl in einer Pfanne erhitzen, den Knoblauch und die Kümmelsamen hinzugeben, die Gemüse etwa 10 Minuten dünsten, salzen und pfeffern. Alles über den Kuskus gießen, gut durchmischen und mit Chilipulver bestreuen.

TABULEH

Tabuleh

Für 4 Personen
200 g Burghul
4 Frühlingszwiebeln
1 Bund Petersilie
1 Bund Minze
4 längliche Tomaten
(der Sorte Perini)
4 EL Zitronensaft
4 EL Olivenöl extravergine
Salz, Pfeffer

Den Burghul 20 Minuten in kaltes Wasser geben, auf einem Sieb abtropfen lassen und möglichst viel Wasser auspressen. Die Petersilienstengel entfernen, die Blättchen waschen und abtrocknen. Die Frühlingszwiebeln kleinschneiden, auch die grünen Teile. Die Minze fein hacken. Den Burghul, die Minze, die Petersilie und die Frühlingsziebeln in eine Schüssel geben, die Tomaten grob hacken und dazugeben, mit Salz, Pfeffer, Zitronensaft und 4 Eßlöffeln Olivenöl würzen. Bis zum Servieren im Kühlschrank aufbewahren.

Kuskussalat

PITTA CON INSALATA DI UOVA

Pitta mit Eiersalat

Für 4 Personen

4 Pitta (indisches Brot)

oder längliche Vollkornbrötchen

4 hartgekochte Eier

das Herz eines Kopfsalats

1 Bund Brunnenkresse

1 Frühlingszwiebel

4 EL Joghurt

3 EL Mayonnaise

2 EL geröstete Haselnüsse

Salz, Pfeffer

Die hartgekochten Eier schälen, mit der Gabel zerdrücken, mit der Mayonnaise und dem Joghurt vermischen.
Die gehackten Haselnüsse, die feingeschnittene Frühlingszwiebel, die geputzte, gewaschene und grobgehackte Brunnenkresse dazugeben, salzen und pfeffern. In die Pitta eine Tasche schneiden, mit gewaschenen und abgetrockneten Kopfsalatblättern auskleiden und mit der Eimasse füllen.
Als Snack oder kleinen Imbiß servieren.

INSALATA DI TOFU E CRESCIONE

Tofusalat mit Brunnenkresse

Für 4 Personen

1 großes Bund Brunnenkresse

ungefähr 10 Kumquats

250 g Tofu (Sojaquark)

1 EL Sesamsamen

1 EL Tahinipaste (Sesampaste)

2 EL Reisessig

2 EL Sherry

4 EL Sesam- oder Sojaöl

1 gehackte Knoblauchzehe

1 EL Tamari (Sojasauce)

Salz

Die Brunnenkresse putzen, die dicksten Stengel entfernen, die Blätter waschen und sorgfältig mit einem Tuch abtrocknen. Die Kumquats waschen, abtrocknen und in Scheiben schneiden. Den Tofu in große Würfel schneiden.
Die Zutaten auf die Teller legen und Sesamsamen darüberstreuen. In einer Schüssel Tahini, Essig, Sherry, Tamari, Knoblauch und Öl vermischen.
Die Salatsauce nach Belieben in einer eigenen kleinen Schüssel zum Salat servieren. Wer eine weniger pikante Sauce wünscht, beschränkt sich bei den Gewürzen auf Tamari, Öl und Essig.

INSALATA DI BARBE DI FRATE E RISO SELVAGGIO

Salat aus Barbe di frate und Wildreis

Für 4 Personen

120 g Wildreis

600 g Barbe di frate

3 EL Zitronensaft

50 g Butter

Salz, frisch gemahlener Pfeffer

Den Wildreis eine Stunde lang in kaltes Wasser geben, auf einem Sieb abtropfen lassen und in ca. 0,25 l Salzwasser bei geschlossenem Deckel kochen, bis die gesamte Flüssigkeit aufgenommen ist. Den Reis auf einem Ofenblech verteilen und warm halten. In der Zwischenzeit von den Barbe di frate die Wurzeln abschneiden und gründlich unter fließendem Wasser putzen, 10 Minuten in Wasser kochen, auf einem Sieb abtropfen lassen und zum Reis geben. Die Butter in einer Kasserolle erhitzen, beim Aufschäumen Zitronensaft hinzugeben, mit dem Schneebesen schlagen, salzen, pfeffern. Die Sauce über den Salat gießen und sofort servieren.

Tofusalat mit Brunnenkresse

I · N · S · A · L · A · T · E

LÄNDLICH

Hier ist das Kochen ein Spiel, ein Zeitvertreib, Ferien, eine Fortsetzung der Hobbys, die man in der Freizeit pflegt. Sind Sie Angler, und kann man Sie jedes Wochenende am Seeufer antreffen, bewaffnet mit Angelrute und Köder, in Erwartung einer herrlichen Forelle? Lieben Sie die Jagd und wissen Sie nie, wem Sie Ihre Beute schenken sollen? Haben Sie einen kleinen Gemüsegarten, der im Frühjahr voller Blumen steht? Wie Ihr bevorzugter Zeitvertreib auch aussehen mag, alles kann am Ende im Kochtopf landen. Das ist wie eine Rückkehr zu den Ursprüngen, als der Mensch, ob Jäger oder Bauer, sich nur von dem ernährte, was er direkt beschaffen konnte. Wenn man das nur am Sonntag tut, kann daraus ein sehr vergnügliches Spiel werden, vielleicht in Gesellschaft von Freunden, die sich abwechselnd auf die Probe stellen mit der nicht allzu schwierigen Aufgabe, sich abwechselnd neue Zubereitungen zu bieten.

Vorhergehende Doppelseite:
Salat aus dem Gemüsegarten

Jägersalat

INSALATA DELL'ORTO

Salat aus dem Gemüsegarten

Für 2 Personen

1 Trevisosalat
200 g gemischter, frisch gepflückter Salat
6 Rosenkohlröschen
100 g Zuckererbsen
1 Karotte
8 sehr kleine, junge Zucchini
8 Kürbis- oder Zucchiniblüten
1 Tomate
2 Bleichselleriestangen
1 EL Senfkörner
3 EL Sherryessig
7 EL Olivenöl extravergine
Salz, Pfeffer

Alle Salatsorten, die Zucchini und die Tomate waschen, die Karotte putzen, die Zuckererbsen entfäden und die äußeren Blätter der Rosenkohlröschen entfernen. Salzwasser zum Kochen bringen, die Zuckererbsen 1 Minute, die ganzen Zucchini 3 Minuten, die Karotte und den Rosenkohl 10 Minuten darin garziehen lassen. Auf einem Servierteller die gezupften Salatsorten, die ganzen Zucchini, die halbierten Rosenkohlröschen, die Tomatenachtel, die Zuckererbsen und die halbierten Kürbisblüten anordnen. Den Sellerie waschen und mit dem Wiegemesser hacken, die Senfkörner, 3 Eßlöffel Sherryessig, 7 Eßlöffel Öl, Salz und Pfeffer hinzugeben. Diese Vinaigrette erst kurz vor dem Servieren über den Salat gießen.

INSALATA DEL CACCIATORE

Jägersalat

Für 4 Personen

1 Entenbrust
2 Köpfe schmalblättriger Trevisosalat
1 Bund Puntarelle oder Rucola
2 Gläschen Madeira

50 g Butter
2 EL Rotweinessig
gemahlene Wacholderbeeren
Salz, frisch gemahlener Pfeffer

Den Trevisosalat putzen und waschen, die einzelnen Blätter voneinander trennen. Auch die Blätter der Puntarelle voneinander trennen, nur die zartesten zurückbehalten, eine Stunde in kaltes Wasser legen, auf einem Durchschlag abtropfen lassen und abtrocknen. Trevisosalat und Puntarelle auf einer großen ovalen Platte anordnen. Die Entenbrust halbieren, zwei Prisen Wacholderpulver, wenig Salz und reichlich Pfeffer durch Massieren in das Fleisch einarbeiten. 20 g Butter in einer Pfanne erhitzen, die Entenbrust kurz auf beiden Seiten braten, das Bratfett wegschütten und weitere 30 g Butter in die Pfanne geben. Das Fleisch mit dem Essig und dem Madeira übergießen, je nach Dicke der Brust 5 bis 10 Minuten dünsten. Das Fleisch muß im Innern rosa bleiben, und die Haut sollte goldgelb und knusprig werden; zum Schluß nach Belieben salzen und vom Herd nehmen. 1 Minute ruhen lassen, in Scheiben schneiden und in der Mitte des Salattellers so anordnen, daß die Scheiben sich leicht überlappen. Die Bratflüssigkeit durch ein Sieb gießen und über den Salat geben, mit Wacholderpulver bestäuben und noch warm servieren.

INSALATA DEL GIARDINO

Salat aus dem Blumengarten

Für 4 Personen

1 kleiner Kopfsalat
1 kleiner krauser Endiviensalat
einige zarte Veilchenblätter
1 Sträußchen
frisch gepflückte Veilchen
ca. 10 Sauerampferblätter
3 EL Brombeeressig
6 EL Olivenöl extravergine
Salz, frisch gemahlener weißer Pfeffer

Den Salat putzen und waschen, mit den Händen in mundgerechte Stücke zupfen, mit den Veilchenblättern auf 4 Teller verteilen, mit den Veilchenblüten ohne Stengel und dem in feine Streifen geschnittenen Sauerampfer garnieren. In einer Schüssel mit dem Schneebesen 3 Eßlöffel Brombeeressig, 2 Prisen Salz und 6 Eßlöffel Öl vermischen, die Vinaigrette über den Salat gießen, leicht pfeffern und sofort servieren.

INSALATA DI FAVE ALLA SANTOREGGIA

Salat aus dicken Bohnen mit Bohnenkraut

Für 4 Personen

2 kg junge dicke Bohnen
1 Bund Bohnenkraut
2 Frühlingszwiebeln
6 EL Olivenöl extravergine
Salz, frisch gemahlener schwarzer Pfeffer

Die dicken Bohnen enthülsen; wenn sie nicht ganz zart sind, auch die Haut der Kerne abziehen. In Salzwasser mit der Hälfte des Bohnenkrauts kochen. Nach 5 bis 10 Minuten auf ein Sieb gießen, abtropfen lassen, mit den gehackten Frühlingszwiebeln, einem Eßlöffel gehacktem Bohnenkraut, reichlich Öl und Pfeffer würzen, warm servieren.

INSALATA BIANCA

Weißer Salat

Für 4 Personen

1 kleiner Blumenkohl
1 Endivienherz
200 g Fontinakäse
1 Schalotte
100 g Mayonnaise
100 g Joghurt
50 g weicher Gorgonzola
Salz, Pfeffer

Den Blumenkohl in einzelne Röschen zerteilen, waschen, abtrocknen, in feine Scheiben schneiden. Den Fontinakäse in Würfel schneiden. Das Endivienherz waschen und abtrocknen, grob schneiden. Den Gorgonzola mit einer Gabel zerdrücken, mit dem Joghurt sehr gut vermischen, bis man eine homogene Creme erhält. Die Mayonnaise und die gehackte Schalotte hinzugeben, nur bei Bedarf pfeffern und salzen. Die Zutaten in einer Schüssel vermischen, die Mayonnaise getrennt servieren.

INSALATA DEL LAGO

Seesalat

Für 4 Personen

2 kleine geräucherte Forellen
200 g frischer Schnittsalat
(grüner Eichblattsalat, Feldsalat usw.)
1 Fenchelknolle
1 Limette
150 g saure Sahne
2 EL Mayonnaise
1 Bund Dill
Salz, Pfeffer

Kopf und Schwanz der Forellen entfernen, die Haut sorgfältig abheben und die Gräten entfernen, so daß vier ganze Filets übrigbleiben. Den Salat putzen und waschen, die Fenchelknolle waschen und in dünne Scheiben schneiden. Salat und Fenchel auf vier Tellern anordnen, mit sehr dünnen Limettenscheiben und einigen Dillzweigen garnieren. In die Mitte der Teller je ein Forellenfilet legen, dieses mit frisch gemahlenem Pfeffer und einigen Tropfen Limettensaft würzen. Die Mayonnaise mit der sauren Sahne, 2 Eßlöffeln gehacktem Dill, Salz und Pfeffer verrühren. Die Mayonnaise wird getrennt serviert. Ideal für die Zubereitung dieses Salates sind frisch gefangene und frisch geräucherte Forellen. Dies ist sehr einfach, wenn man über einen kleinen Camping-Räucherofen verfügt. Für das Räuchern einer Forelle braucht man nicht mehr als 30 Minuten.

INSALATA SELVATICA

Wildsalat

Für 4 Personen

1 Bund Rucola
150 g gemischter Salat
1 Bund Löwenzahnblätter
10 Margeritenblüten
8 Kirschtomaten
einige Tropfen Balsamicoessig
2 EL Olivenöl extravergine
Salz, Pfeffer

Alle möglichst frisch gepflückten Salatsorten waschen, gut abtrocknen und mit den halbierten Kirschtomaten und den Margeritenblüten in einer Salatschüssel vermischen. Mit einigen Tropfen Balsamicoessig, Öl, Salz und Pfeffer würzen, damit man möglichst den unverfälschten Geschmack beibehält.

INSALATA DI FIORI

Blütensalat

Für 4 Personen

1 Bund Portulak
100 g Brunnenkresse
8 Blüten der Kapuzinerkresse
8 Veilchen
1 Rose
1 Lavendelähre
einige Stengel Schnittlauch
frischer Majoran
frisches Basilikum
2 EL Rotweinessig
6 EL Walnußöl
Salz, frisch gemahlener weißer Pfeffer

Seesalat

Flußsalat

Die Blätter der Brunnenkresse und des Portulak abzupfen, mit den Veilchen, den Blüten der Kapuzinerkresse und einigen Rosenblättern in einer Salatschüssel vermischen. Den Schnittlauch, den Majoran und das Basilikum mit der Schere schneiden und alles über den Salat streuen. In einer Schüssel 2 Eßlöffel Essig, 6 Eßlöffel Walnußöl, Salz, weißen Pfeffer und die Lavendelblüten miteinander verrühren, 20 Minuten ziehen lassen, den Salat mit dieser Vinaigrette würzen und sofort servieren.

INSALATA DI FIUME

Flußsalat

Für 4 Personen

40 Flußkrebse
2 Karotten
4 Stangen Bleichsellerie
6 Frühlingszwiebeln
150 g Bohnen
2 Bund Radieschen
1 l Weißwein
1 Lorbeerblatt
1 Gewürznelke
6 Pfefferkörner
200 g Mayonnaise
2 EL Crème fraîche
1 Limone
1 Handvoll Sellerieblätter
1 EL gehackte Petersilie
1 Knoblauchzehe
Salz und Pfeffer

Alle Gemüsesorten putzen, den Sellerie und die Karotten in Stifte schneiden, die Frühlingszwiebeln vierteln. 1/2 l Wasser zum Weißwein hinzugießen, mit dem Lorbeerblatt, der Gewürznelke, den Pfefferkörnern und etwas Salz erhitzen. Wenn die Flüssigkeit zu kochen beginnt, die Gemüse, mit Ausnahme der Radieschen, hineinlegen und al dente kochen. Auf einen Durchschlag geben, die Flüssigkeit auffangen und die Gemüse auf vier Tellern anordnen. Die Flußkrebse gut waschen, in die sprudelnd kochende Courtbouillon werfen und 5 Minuten kochen, herausnehmen, abtropfen lassen und auf den Tellern anordnen. Eine Suppenkelle der Brühe bei starker Hitze auf 2 Eßlöffel reduzieren, mit der Petersilie, den gehackten Sellerieblättern, dem Saft der zerdrückten Knoblauchzehe und 2 Eßlöffeln Saft der Limone vermischen und mit der Mayonnaise glattrühren. Diese Mayonnaise in vier Schälchen servieren, so daß jeder die Gemüse und das Krebsfleisch hineintunken kann.

INSALATA CON BORRAGINE FRITTA

Salat mit gebackenem Boretsch

Für 4 Personen

Für den Salat:
200 g Schnittsalat
20 Boretschblätter
1 EL frische Boretschblüten
Saft einer Zitrone
6 EL Olivenöl extravergine
Öl zum Backen
frisch gemahlene Muskatnuß
Salz und Pfeffer
Für den Ausbackteig:
125 g Mehl
2 Eier
0,2 l Wasser oder Milch
Öl, Salz

Den Salat waschen, abtrocknen und auf vier Teller verteilen. Nur bei Bedarf die Boretschblätter waschen; in diesem Fall ganz sorgfältig zwischen zwei Tüchern trockentupfen. In einer Schüssel das Mehl, eine Prise Salz, 2 Eßlöffel Öl und 2 Eigelbe miteinander verrühren, das Wasser oder die Milch hinzugeben und den Teig mit dem Schneebesen gut glattrühren, damit sich keine Klumpen bilden. Eine Stunde ruhen lassen und kurz vor der Verwendung ein zu Schnee geschlagenes Eiweiß unterrühren. Das Öl in einer Friteuse erhitzen, die Boretschblätter eines nach dem anderen in den Ausbackteig tauchen und im Öl backen. Den Salat mit einer Vinaigrette aus folgenden Zutaten würzen: Saft einer Zitrone, 4 Eßlöffel Olivenöl, Salz, Pfeffer und Muskat. Auf jeden Teller einige gebackene Boretschblätter legen, zuletzt mit den Boretschblüten dekorieren und sofort servieren.

INSALATA DI POMODORI PROFUMATA

Aromatischer Tomatensalat

Für 4 Personen

6 feste reife Tomaten

1 Knoblauchzehe

1 Bund Basilikum

1 Bund Schnittlauch

2 EL Pinienkerne

2 EL Essig

7 EL Olivenöl extravergine

grobes Salz, Pfeffer

Die Kräuter waschen und mit der Knoblauchzehe und einigen Körnern des groben Salzes im Mörser zerstoßen. Nach und nach 7 Eßlöffel Olivenöl hinzugeben. Wenn dieser Pesto cremig und homogen geworden ist, pfeffern und mit dem Essig verrühren. Die Pinienkerne im Backofen hellgelb rösten. Die Tomaten waschen, in regelmäßige Scheiben schneiden und auf dem Servierteller anrichten, mit dem Kräuterpesto bedecken und die gehackten Pinienkerne darüberstreuen.

INSALATA DEL BOSCO

Waldsalat

Für 4 Personen

2 schöne Artischocken

200 g Parellasalat oder Rucola

6 bis 8 ganz frische Champignons

einige Thymianzweige

4 EL Olivenöl extravergine

Zitrone

200 g magerer geräucherter Speck

3 EL Essig

Salz, Pfeffer

Die Artischocken putzen, die härtesten Blätter, die Stacheln und das trockene Stroh im Innern entfernen. Die Artischocken in dünne Scheiben schneiden und in mit Zitronensaft gesäuertem Wasser waschen. Den Salat und die Pilze putzen und waschen, die Pilze in nicht zu dünne Scheiben schneiden. Das Gemüse auf den Tellern anrichten. Den Speck in Würfel schneiden und in einer Pfanne glasig braten. Das Bratfett wegschütten, 4 Eßlöffel Olivenöl und die Thymianblätter hinzugeben. Wenn alles goldgelb gebraten ist, mit dem Essig begießen, vom Feuer nehmen und über den Salat gießen. Sofort servieren.

INSALATA DI ZUCCHINE E RADICCHIO ALLA MENTA

Zucchini- und Radicchiosalat mit Minze

Für 4 Personen

2 Radicchio

3 Zucchini

1 gehäufter EL brauner Zucker

4 El Essig

Salz

Olivenöl extravergine

1 Bund frische Minze

Den Radicchio waschen, die größeren Blätter mit den Händen in mundgerechte Stücke zupfen, die beiden Herzen ganz belassen. Die Zucchini putzen und in dünne Scheiben schneiden. Reichlich Öl in einer Pfanne erhitzen und die Zucchini nach und nach darin braten. Wenn sie goldgelb sind, herausnehmen und auf einem Küchenkrepp abtropfen lassen. Das Bratöl aufbewahren. Die Zucchini mit dem Radicchio in einer Schüssel vermischen und mit einer Handvoll mit der Schere geschnittener Minzeblätter würzen. Den Zucker in einer Pfanne erhitzen, kurz vor dem Karamelisieren in 4 Eßlöffeln Essig auflösen. Vom Feuer nehmen und einige Eßlöffel Bratöl der Zucchini beigeben. Den Salat mit der süßsauren Sauce würzen und bis zum Servieren kühl stellen.

Waldsalat

I · N · S · A · L · A · T · E

EXOTISCH

Die westliche Gastronomie ist außerordentlich reich und vielfältig, und die italienische Küche ist sicher eine der bekanntesten der Welt. Das hindert uns aber nicht, auch auf Traditionen weiter entfernter Länder zurückzugreifen, um etwas wirklich Besonderes zuzubereiten. Wir können von diesen exotischen Küchen ganze Rezepte oder auch nur einige charakteristische Merkmale entlehnen, die unseren einheimischen Gerichten einen besonderen Geschmack verleihen. Gewürze können auf erstaunliche Weise die Erinnerung an fremde Lebensumstände, heiße Landstriche und weit entfernte Gerüche in uns wachrufen. Das Kurkuma, der Curry, der Chili zeigen die Farben jener Länder, aus denen sie stammen, und es reicht schon eine Prise, um sich auf eine Entdeckungsreise zu begeben oder sich in Erinnerungen zu verlieren. Unter den Rezepten, die wir hier vorschlagen, stammen einige aus fremden Ländern, andere sind Phantasieprodukte. Doch hoffen wir, daß sie alle Ihnen etwas bieten, was Sie selbst und Ihre Gäste überrascht.

Vorhergehende Doppelseite:
Salat aus Reis und Früchten

INSALATA DI RISO E FRUTTA

Salat aus Reis und Früchten

Für 4 Personen

250 g thailändischer Duftreis (Basmati)
1 Carambole
1 Mango
1 kleine Papaya
4 Scheiben frische Ananas
50 g Weintrauben
50 g Mandelblättchen
Saft von 2 Zitronen
3 EL Walnußöl
Nelkenpfeffer
Salz, frisch gemahlener rosa Pfeffer

Den Reis unter fließendem Wasser waschen, auf einem Sieb abtropfen lassen und in Salzwasser al dente kochen. Abtropfen und abkühlen lassen. Die Früchte schälen, in Scheiben oder Würfel schneiden. Die Mandeln unter dem Grill goldgelb rösten. Alle Zutaten vermischen und auf einem großen Teller anrichten. In einer Schüssel den Saft der Zitronen mit 3 Eßlöffeln Öl, 2 Prisen Salz, reichlich Nelkenpfeffer und frisch gemahlenem rosa Pfeffer mischen. Die Sauce über den Reis gießen, gut vermischen und eine Stunde kühl stellen, dabei hin und wieder erneut durchmischen.

TACOS CON INSALATA DI CARNE

Tacos mit Fleischsalat

Für 4 Personen

8 fertige Tacos
200 g Hackfleisch vom Rind
3 große Dosentomaten
1 feste Tomate
1 gehackte Zwiebel
1 gehackte Knoblauchzehe
2 scharfe Pfefferschoten

Tacos mit
Fleischsalat

1/4 gelbe Paprikaschote
einige Blätter Eisbergsalat
1 Prise Zucker
3 EL Olivenöl extravergine
1 EL grüner gehackter Koriander
Salz, frisch gemahlener Pfeffer

3 Eßlöffel Öl in einer Pfanne erhitzen, die Knoblauchzehe und die Zwiebel darin dünsten und das Fleisch hinzugeben. Wenn es leicht gebräunt ist, die zerkleinerten Dosentomaten durch ein Sieb passieren und mit dem Zucker und den gehackten Pfefferschoten ohne ihre Samen hinzugeben. Bei starker Hitze 10 Minuten kochen, nach Bedarf salzen und pfeffern, mit Koriander bestreuen und warm halten. Den Salat waschen, abtrocknen, in Streifen schneiden, ebenso die gelbe Paprikaschote, die Tomate in Scheiben schneiden. Alles miteinander vermischen. Die Tacos im Ofen knusprig backen, mit dem Fleisch und dem Gemüsesalat füllen. Man ißt die Tacos mit den Händen wie Sandwiches.

INSALATA DI FAVE EGIZIANA

Ägyptischer Salat aus dicken Bohnen

Für 4 Personen

1 kg frische dicke Bohnen
8 ganz frische Eier
die Schale von 2 Zwiebeln
2 getrocknete rote Pfefferschoten
1 TL Kümmel
1 Bund Bohnenkraut
6 EL Olivenöl extravergine
Salz, frisch gemahlener Pfeffer

Die Eier mit den Zwiebelschalen in eine Kasserolle mit Wasser legen, zum Kochen bringen und bei niedriger Hitze 6 Stunden lang köcheln lassen. In der Zwischenzeit die dicken Bohnen enthülsen, mit dem Bohnenkraut 10 Minuten in Salzwasser kochen, abtropfen lassen und die Haut der Bohnenkerne entfernen. In einer Schüssel 6 Eßlöffel Öl mit den in feine Scheiben geschnittenen Pfefferschoten, dem Kümmel, Salz und wenig Pfeffer mischen, mindestens eine Stunde ziehen lassen, die dicken Bohnen damit würzen und so lange marinieren, bis die Eier fertig sind. Die Eier, die außen ganz schwarz geworden sind, schälen, halbieren und mit den dicken Bohnen und derselben Sauce servieren.

INSALATA AL VAPORE

Salat aus dem Dampftopf

Für 4 Personen

200 g Patna-Reis
6 Blätter Chinakohl
1 Zucchini
60 g Daikon-Rettich
100 g Bohnen
2 Bleichselleriestengel
1 Karotte
2 Frühlingszwiebeln
100 g Cime di rapa
2 große Tomaten für den Sugo
1 Knoblauchzehe
1 Bund grüner Koriander
Tamari (Sojasauce)
Olivenöl extravergine
Weißweinessig
Salz, frisch gemahlener Pfeffer

Den Reis fünf Minuten in Wasser kochen, auf einem Sieb abtropfen lassen und abtrocknen. Den Chinakohl in den Einsatz des Dampfkochtopfs legen und mit Reis zudecken.
Die übrigen Gemüsesorten putzen und waschen, in Stückchen schneiden, leicht salzen und zum Reis geben. Einige Korianderblätter in das Kochwasser legen, den Einsatz mit dem Reis und den Gemüsen darüberstellen und ca. 10 Minuten im geschlossenen Dampfkochtopf garen. Am besten eignet sich dazu natürlich ein chinesisches Bambusset. Wenn der Reis fast gar ist, die gehackten Tomaten und die Korianderblätter hinzugeben, noch einmal den Deckel aufsetzen und nach wenigen Minuten auftragen. Beim Servieren mit Salz, Pfeffer, Öl, Essig und Tamari nach Belieben würzen.

INSALATA FRITTA

Gebratener Salat

Für 4 Personen

3 Bund Schnittsalat
100 g gehackte Schweinelende
100 g geschälte rohe Garnelen
1/2 rote Paprikaschote
3 EL Sojaöl
1 EL Tamari (Sojasauce)
1 Knoblauchzehe mit Schale
2 EL Reisessig
Salz

Die Paprikaschote in feine Streifen und dann in Würfel schneiden. Den Schnittsalat fein schneiden, waschen und mit einem sauberen Tuch abtrocknen. In einer Eisenpfanne – vorzugsweise einem chinesischen Wok – 3 Eßlöffel Öl erhitzen, das Fleisch 2 Minuten lang anbraten, die Paprikaschote und nach weiteren 2 Minuten die Garnelen hinzugeben. Salzen, den Essig und 1 Eßlöffel Tamari hinzugeben. Gut durchmischen, vom Herd nehmen und warmhalten. Den Salat in einer Friteuse in heißem Öl backen, zu dem zuvor die Knoblauchzehe hinzugegeben wurde. Wenn der Salat knusprig ist, auf saugfähigem Küchenkrepp abtropfen lassen, um das überschüssige Öl zu entfernen, dann mit dem Fleisch und den Garnelen mischen. Sofort servieren.

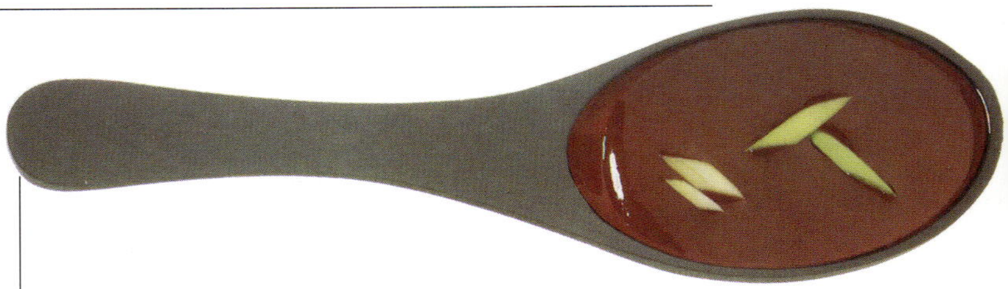

INSALATA GRECA

Griechischer Salat

Für 4 Personen

1 kleine Gurke
1/2 in Scheiben geschnittene Zwiebel
1 grüne Paprikaschote
500 g reife Tomaten
250 g Feta (griechischer Schafskäse)
100 g schwarze griechische Oliven
1 Bund Basilikum
frischer Majoran
Rotweinessig
Olivenöl extravergine
Salz, frisch gemahlener Pfeffer

Die Gurke in Scheiben schneiden, leicht salzen und 10 Minuten ziehen lassen. Die Paprikaschote waschen, die Samen entfernen, den Rest grob hacken. Die Tomaten in Scheiben schneiden, die Oliven entsteinen, den Käse in Würfel schneiden. Die Tomaten, die Paprikaschote, die Zwiebel, die Gurke, die Oliven und den Käse schichtweise auf einem Servierteller anordnen, mit gehacktem Basilikum und Majoran bestreuen, pfeffern, mit Öl und Essig würzen und mit grobem Weißbrot servieren. Jeder salzt seine Portion nach Bedarf, denn der griechische Schafskäse ist stark gesalzen.

INSALATA DI POLLO E PEPERONI

Salat mit Huhn und Paprika

Für 4 Personen

1 ganze Hühnerbrust
1 kleine grüne Paprikaschote
1 kleine rote Paprikaschote
2 Frühlingszwiebeln
Chilisauce
4 EL Sherryessig
4 EL Sojaöl
Brühe
Salz, frisch gemahlener Pfeffer

Sehnen und Fett von der Hühnerbrust entfernen, 15 Minuten in der Brühe kochen, herausnehmen und auf einem Durchschlag abkühlen lassen. (Für dieses Rezept kann man auch anderes, gekochtes oder gebratenes Hühnerfleisch verwenden.) Die Samen und die inneren weißen Teile der Paprikaschoten entfernen, den Rest waschen und abtrocknen. In Würfel schneiden und 2 Minuten in der Pfanne mit 2 Eßlöffeln Öl anbraten, salzen und pfeffern. Die Frühlingszwiebeln mit dem grünen Teil in schräge Scheiben schneiden, eine halbe Stunde in kaltes Wasser legen und dieses zwei- bis dreimal wechseln. Alle Zutaten in einer Schüssel vermischen. Den Essig auf dem Feuer auf 1 Eßlöffel reduzieren, 2 Eßlöffel Öl und 2 Eßlöffel Chilisauce hinzugeben. Diese Marinade über den Hühnersalat gießen, gut durchmischen und servieren.

Salat mit Huhn und Paprika

TARAMASALATA

Taramasalata

Für 4 Personen

100 g Graubrot ohne Rinde
100 g geräucherte Dorscheier
Saft von 1 1/2 Zitronen
2 Knoblauchzehen
8 – 9 EL Olivenöl extravergine
4 Karotten
2 Bleichsellerieherzen
kleine Scheiben getoastetes
oder gebratenes Graubrot

Das Brot zerkrümeln, mit dem Zitronensaft und 4 Eßlöffeln Öl in eine Schüssel legen, die Flüssigkeit gut 10 Minuten einziehen lassen. Alles mit der gehackten Knoblauchzehe, den Dorscheiern, 4 oder 5 Eßlöffeln Öl in den Mixer geben. Die Mischung zu einer homogenen Masse mixen und auf 4 Becher verteilen. Die Karotten und die Sellerieherzen putzen und waschen, in Stifte schneiden. Die Scheiben Graubrot toasten oder rösten. Auf jedem Teller einige Scheiben Brot, Sellerie- und Karottenstifte sowie den Taramasalata aus den Bechern anordnen.

CAROTE CON SALSA TURCA

Karotten in türkischer Sauce

Für 4 Personen

500 g Karotten
300 g Kartoffeln
80 g ganze Haselnußkerne
40 g vom Innern einer französischen Baguette
1 EL Wasser
3 Knoblauchzehen
1 Glas Olivenöl extravergine
5 EL Weißweinessig
Salz, frisch gemahlener Pfeffer

Die Karotten und die Kartoffeln waschen und schälen, in Salzwasser gar kochen und auf einem Durchschlag abtropfen lassen. In der Zwischenzeit die Haselnüsse im Mixer sehr fein mahlen, das Innere der Baguette, 1 Eßlöffel Wasser, den gehackten Knoblauch und 1 Teelöffel Salz hinzugeben. Den Mixer laufenlassen, während man das Öl wie für eine Mayonnaise langsam hinzugibt. Danach mit dem Essig vermischen, nach Belieben salzen und pfeffern. Die noch warmen Gemüse in Scheiben schneiden und mit der kalten Haselnußsauce würzen.

INSALATA DI LEGUMI AL CURRY

Gemüsesalat mit Curry

Für 4 Personen

200 g Zuckererbsen
200 g Blumenkohl
200 g junge tiefgekühlte Karotten
1 kleine Gurke
50 g Sojabohnenkeimlinge
1 Zwiebel
150 g Joghurt
0,1 l süße Sahne
Currypulver
20 g Butter
Salz

Die Zuckererbsen entfäden und 4 bis 5 Minuten in Wasser kochen. Den Blumenkohl in Röschen zerteilen, kochen und auf einem Durchschlag abtropfen lassen; er sollte noch knackig sein. Die Gurken so schälen, daß noch Streifen von Schale verbleiben, die Gurke in Scheiben schneiden, salzen und 20 Minuten ziehen lassen. Die tiefgekühlten Karotten 5 Minuten kochen. Alle Gemüse und die Sojabohnenkeimlinge mischen und auf einem Servierteller anrichten. Die Zwiebel grob hacken und in 20 g Butter in der Pfanne dünsten. Wenn sie glasig wird, mit einem Teelöffel Curry bestäuben und auch diesen leicht anrösten. Die Sahne hinzugießen, eindicken lassen, vom Feuer nehmen, den Joghurt darunterrühren, nach Belieben salzen. Die warme Sauce über das Gemüse gießen, durchmischen und servieren. Man kann die Currymenge variieren, je nachdem, ob man einen mehr oder minder pikanten Salat wünscht.

Gemüsesalat mit Curry

INSALATA DI ARANCE E CIPOLLE

Salat mit Orangen und Zwiebeln

Für 4 Personen

4 große Orangen
1 kleine Zwiebel
100 g schwarze Oliven
3 – 4 EL Olivenöl extravergine
Salz, Pfeffer

Die Orangenschale und vor allem die bittere weiße Schale vollständig entfernen, die Frucht in Scheiben schneiden, diese auf dem Servierteller anordnen. Salzen, pfeffern, mit der gehackten Zwiebel und den entsteinten Oliven bedecken. Mit 3 bis 4 Eßlöffeln Öl übergießen und eine halbe Stunde lang an einem kühlen Ort ziehen lassen.

INSALATA DI VERDURE AL COCCO

Gemüsesalat in Kokossauce

Für 4 Personen

1 Bund Brunnenkresse
100 g geraspelte Karotten
100 g Chinakohl
1 Bund Radieschen
1 Frühlingszwiebel
1 EL gehackte Minze
das Fleisch einer halben Kokosnuß
1 Scheibe Trassi
(indonesische Garnelenpaste)
1 Knoblauchzehe
Öl
Saft einer halben Limette
pulverisierter Cayennepfeffer
Zucker, Salz

Die Brunnenkresse putzen und waschen, die übrigen Gemüse waschen und fein schneiden. Alles zusammen mit der Minze in einer Schüssel vermischen. Die Scheibe Trassi einige Minuten anbraten, zusammen mit der Knoblauchzehe, Salz, einer Prise Cayennepfeffer, einer Prise Zucker in einem Mörser zerstoßen, bis man eine körnige Mischung erhält. Das geraspelte Kokosfleisch zugeben und mit dem Saft der Limette vermischen. Die Kokossauce über die Gemüse gießen, gut durchmischen und servieren.

MATTONELLE DI CAVOLO E CAROTE

Kohlschnitten mit Karotte

Für 4 Personen

1 Kopfsalat
4 Karotten
1 Chinakohl
3 EL Tamari (Sojasauce)
1 TL frischer geraspelter Ingwer
1 EL Sherryessig
Salz, frisch gemahlener Pfeffer

Einen quadratischen oder rechteckigen Plastikbehälter mit Alufolie auskleiden. Die Karotten putzen und fein raspeln. Den Kohl waschen und in möglichst feine Scheiben schneiden. Die beiden Zutaten in getrennte Schüsseln legen, salzen und pfeffern und im Salz ziehen lassen, bis das ganze Wasser herausgezogen ist, dann gut ausdrücken. Den Kopfsalat wenige Sekunden in kochendes Wasser halten, auf einem Sieb abtropfen lassen, die einzelnen Blätter abtrennen und auf einem Küchentuch trocknen. In den quadratischen Behälter eine erste Schicht aus Kopfsalatblättern legen, mit der Hälfte der Karotten und mit einer weiteren Schicht Kopfsalat bedecken. Die zweite Schicht besteht aus Chinakohl und Kopfsalat. Schließlich die zweite Hälfte der Karotten und den Rest des Kopfsalates darüberlegen. Mit Alufolie zudecken und mit einem Gewicht beschweren. Einige Stunden, am besten die ganze Nacht, an einem kühlen Ort ruhen lassen. Die Gemüseschnitte ganz aus dem Behälter nehmen, in Würfel schneiden und auf einem Teller

Kohlschnitten mit Karotte

anrichten. 3 Eßlöffel Sojasauce mit dem Ingwer und 1 Eßlöffel Essig mischen, diese Sauce in vier kleine Gefäße gießen, damit man die Würfel darin eintauchen kann.

INSALATA IRANIANA DI BARBABIETOLE

Persischer Salat aus Roten Beten

Für 4 Personen

2 kleine gekochte Rote Bete

200 g Joghurt

Saft einer Zitrone

1 EL frische gehackte Minze

einige Minzenblättchen

Salz, frisch gemahlener Pfeffer

Rote Bete schälen, in Würfel schneiden, 1 Eßlöffel davon beiseite legen, den Rest mit dem Joghurt, der Minze, 1 Eßlöffel Zitronensaft, Salz und Pfeffer mischen. Die Rote-Bete-Würfel auf dem Servierteller anrichten, mit den beiseite gelegten Rote-Bete-Würfeln und den ganzen Minzeblättchen garnieren. Eine Stunde in den Kühlschrank stellen, dann servieren.

I · N · S · A · L · A · T · E
RUNDUM GESUND

Immer in bester Form zu sein, das ist die Forderung, die Religion unserer Tage. Allzuviel ist über dieses Thema schon geschrieben worden. Wir wollen in diesem Kapitel keine Diätrezepte vorschlagen, sondern ganz natürliche Rezepte, die aus einer gelungenen Verbindung von Nahrungsmitteln bestehen, die vom ernährungswissenschaftlichen und therapeutischen Standpunkt aus ähnliche Eigenschaften aufweisen. Alle wissen, daß Orangen und Paprikaschoten viel Vitamin C enthalten, daß Spinat sehr eisenhaltig ist und viele Ballaststoffe enthält und daher sehr reinigend ist. Es gibt nur wenige Produkte dieser Erde, die keine für die Gesundheit bedeutsamen Eigenschaften haben. Eine Ernährung, die diese Gesichtspunkte berücksichtigt, kann Krankheiten vorbeugen und uns bei guter Gesundheit erhalten. In gesundheitlich bester Form zu sein, bedeutet mehr, als nur mit der Mode Schritt zu halten. Es bedeutet, daß wir unseren Körper lieben und ihn auf die einfachste und natürlichste Weise pflegen – durch die Ernährung.

Vorhergehende Doppelseite:
Salat mit vielen Mineralstoffen

Salat zur Stärkung der Leber

Insalata Rimineralizzante

Salat mit vielen Mineralstoffen

Für 4 Personen

1 kleiner Kopfsalat
1 Bund längliche Radieschen
150 g junge Karotten
4 Stangen Sellerie
1 Körbchen rote Johannisbeeren
400 g Ziegenmilchjoghurt
4 EL Olivenöl extravergine
1 Knoblauchzehe
2 EL mit Johannisbeeren aromatisierter Essig
Salz (oder natriumarmer Kochsalzersatz)

Die Gemüse waschen und putzen. Die Radieschen mit langen Schnitten der Länge nach einschneiden und in eine Schüssel mit Eiswasser legen, bis sie sich blütenartig öffnen. Die Karotten wenige Minuten in Wasser kochen und auf einem Sieb abtropfen lassen. Den Stangensellerie schräg in Scheiben schneiden. Auf jedem Teller einige Kopfsalatblätter, Karotten, Radieschen und Selleriescheiben anordnen. Den Knoblauch zerdrücken und den Saft daraus gewinnen, diesen mit 2 Eßlöffeln Essig und 4 Eßlöffeln Öl vermischen. Die Gemüse mit dieser Vinaigrette würzen, in die Mitte des Tellers eine Portion Joghurt geben und mit 1 Eßlöffel Johannisbeeren garnieren.

Insalata Rinforzante per il Fegato

Salat zur Stärkung der Leber

Für 4 Personen

800 g dünne grüne Spargel
1 Avocado
2 rosafarbene Grapefruits
1 Bund Kerbel
300 g magerer Käse
1 EL geschälte Pistazien

Saft von 2 Zitronen
4 EL Olivenöl extravergine
Salz (oder natriumarmer Kochsalzersatz)

Den holzigen unteren Teil der Spargel abschneiden, den Spargel waschen, zu einem Bündel schnüren und in einer hohen Kasserolle in reichlich Salzwasser gar kochen. Die Spitzen müssen dabei aus dem Wasser herausragen. Die zarten Spargel abtropfen und abkühlen lassen. Die Grapefruits schälen und die weiße Haut völlig entfernen, dann in Scheiben schneiden. Die Avocado schälen, den Kern herausnehmen, das Fruchtfleisch in unregelmäßige Scheiben schneiden und sofort mit Zitronensaft beträufeln. Den Käse in große Würfel schneiden. Die Zutaten auf vier Tellern anrichten, mit reichlich Kerbel und den gehackten Pistazien garnieren. Mit Öl und Zitronensaft würzen.

Insalata Purificante Per Il Viso

Salat zur Gesichtspflege

Für 4 Personen
einige Blätter Kopfsalat
2 Äpfel
2 Lauchstangen
1/2 kleiner Wirsing
1 EL geschälte Mandeln
1 Bund Petersilie
1 Bund Kerbel
3 EL Obstessig
6 EL Olivenöl extravergine
Salz (oder natriumarmer Kochsalzersatz)

Den Salat und die übrigen Gemüse waschen. Die Lauchstangen 2 Minuten in kochendes Wasser legen, dann in Scheiben schneiden (können nach Belieben auch roh belassen werden). Den Wirsing fein schneiden. Die Äpfel waschen, das Kerngehäuse entfernen und die Frucht in Scheiben schneiden, ohne sie zu schälen. Alle Zutaten auf 4 Teller verteilen, mit

Salat zur Gesichtspflege

Petersilie und den in Scheiben geschnittenen Mandeln garnieren. Die Vinaigrette wird folgendermaßen zubereitet: 3 Eßlöffel Obstessig, 6 Eßlöffel Öl und den gehackten Kerbel miteinander vermischen. Salzen nach Belieben, Vinaigrette über den Salat gießen.

INSALATA FITNESS

Fitness-Salat

Für 4 Personen

2 kleine Radicchio

400 g Hüttenkäse

2 Scheiben frische Ananas

2 Orangen

2 EL Sultaninen

1 EL geschälte Kürbiskerne

1 EL Zitronensaft

2 Prisen Zwiebelpulver

1 EL Olivenöl extravergine

Salz (oder natriumarmer Kochsalzersatz)

Den Salat waschen, abtrocknen und die Blätter wie eine Krone auf 4 Tellern anordnen. Die Orangen großzügig schälen, die äußere Haut der Spalten entfernen, das Fruchtfleisch zusammen mit der Ananas in Stückchen schneiden. In einer Schüssel die Früchte, den Hüttenkäse und die Sultaninen mischen, mit wenig Salz und zwei Prisen Zwiebelpulver würzen, etwas Öl darüberträufeln. Die Mischung in der Mitte der Teller anrichten und darüber die Kürbiskerne streuen.

INSALATA PROTETTRICE DELLE VIE RESPIRATORIE

Salat für die Atemwege

Für 4 Personen

1 Kopfsalat

4 Karotten

2 Bund Radieschen

1 Schale Kresse

1 Bund frische Minze

1 schwarzer Rettich

4 EL Olivenöl extravergine

2 EL Balsamicoessig

Salz (oder natriumarmer Kochsalzersatz)

Alle Gemüse waschen und putzen. Die Radieschen in dicke Scheiben und jede Scheibe in Stifte schneiden. Die Karotten schräg in ovale Scheiben schneiden, sei es roh oder nachdem sie eine Minute in wenig Wasser gekocht wurden. Die Kopfsalatblätter, die Karotten, die Radieschen und in der Mitte ein schönes Sträußchen Kresse auf den Tellern anordnen. Den schwarzen Rettich schälen, in Würfel schneiden, mit der gehackten Minze, 4 Eßlöffeln Öl und Balsamicoessig mischen. Die Vinaigrette über das Gemüse gießen und servieren.

INSALATA PER REGIMI DIETETICI

Salat für die Diätküche

Für 4 Personen

600 g Kartoffeln

2 Lauchstangen

3 weiße Rüben

2 Äpfel (der Sorte Renette)

1 bouquet garni

(Basilikum, Petersilie, Minze,

Kerbel, Schnittlauch)

4 EL Olivenöl extravergine

3 EL mit Kirsche aromatisierter Essig

natriumarmer Kochsalzersatz

Die Kartoffeln gründlich waschen und gut abbürsten, in nicht gesalzenem Wasser gar kochen, abkühlen lassen und in Scheiben schneiden, ohne sie zu schälen. Auch die Rüben gar kochen und in Würfel schneiden. Die Lauchstangen in Scheiben schneiden und eine Minute in

Salat für die Atemwege

kochendes Wasser legen. Die Äpfel waschen, das Kerngehäuse entfernen, das Fruchtfleisch in Würfel schneiden. Die Zutaten auf den Tellern anordnen. Die Kräuter hacken und mit 3 Eßlöffeln Essig und 4 Eßlöffeln Öl mischen. Diese stark duftende Vinaigrette verleiht dem Salat Geschmack, so daß man kein Salz hinzufügen muß. Gegebenenfalls nimmt man natriumarmen Kochsalzersatz.

INSALATA DISINTOSSICANTE

Salat zur Entgiftung

Für 4 Personen

2 Kaktusfeigen

1 große Papaya

2 ungespritzte Orangen oder Mandarinen

1 Schale Beeren des Erdbeerbaums

400 g ganz frische (piemontesische) Ricotta

das Herz eines Kopfsalats

120 g flüssiger Honig

Salat zur Entgiftung

Die Kaktusfeigen schälen, am besten mit Handschuhen, um sich nicht an den spitzen Stacheln zu verletzen. Das Fruchtfleisch in Scheiben schneiden. Die Papaya schälen, die Samen entfernen, das Fruchtfleisch in Scheiben oder, damit es dekorativer wirkt, in Blattform schneiden. Die Orangen waschen und in Spalten schneiden, ohne die Schale zu entfernen. Die Beeren des Erdbeerbaums waschen und sorgfältig trockentupfen. Den Saft der Früchte während der Zubereitung auffangen und mit dem Honig mischen. Auf jedem Teller eine Portion Frischkäse und Früchte anrichten, mit dem Kopfsalat garnieren. Kurz vor dem Servieren den Honig über die Ricotta gießen.

INSALATA PER ANEMICI

Salat gegen Blutarmut

Für 4 Personen
1 Bund wilde Endivie
oder Löwenzahn
1 Bund Brunnenkresse
1 kleine Melone
2 Birnen
2 Ringelblumenblüten
1 Bund frischer Thymian
1 Bund Melisse
3 EL mit Zitrone aromatisierter Essig
6 EL Olivenöl extravergine
Salz

Die Endivie und die Brunnenkresse waschen, abtrocknen und auf vier Tellern anrichten. Die Melone halbieren, die Samen und die Schale entfernen, das Fruchtfleisch in Würfel schneiden. Die Birnen waschen, das Kerngehäuse entfernen, das Fruchtfleisch in Scheiben schneiden, ohne die Birnen zu schälen. Den Salat und die Früchte auf den Tellern anordnen, mit den Blütenblättern der Ringelblume garnieren. Die frischen Kräuter hacken und zu einer Vinaigrette aus den folgenden Zutaten geben: 3 Eßlöffel Zitronenessig, 6 Eßlöffel Öl, Salz nach Belieben. Die Vinaigrette über den Salat gießen.

INSALATA DIURETICA

Salat zur Anregung der Nieren

Für 4 Personen
1 Bund Löwenzahnblätter
1 Bund Brunnenkresse
1 Kopfsalat
1 Handvoll weiße Trauben
2 EL Lauchsaft
3 EL mit Lorbeer aromatisierter Essig
6 EL Olivenöl extravergine
natriumarmer Kochsalzersatz

Die Brunnenkresse und den Löwenzahn, die beide möglichst frisch geerntet sein sollten, sorgfältig waschen. Den Kopfsalat waschen und die Blätter auf den Tellern anordnen. In die Mitte kommen die Wildsalate und die gewaschenen und entkernten Trauben. Eine Vinaigrette aus folgenden Zutaten zubereiten: 2 Eßlöffel Lauchsaft, 3 Eßlöffel Lorbeeressig, 6 Eßlöffel Olivenöl. Die Vinaigrette mit dem Besen schlagen und über den Salat gießen. Man sollte nur natriumarmen Kochsalzersatz verwenden, weil Natrium Wasser in den Geweben zurückhält und hauptverantwortlich ist für hohen Blutdruck.

INSALATA DEPURATIVA

Mild abführender Salat

Für 4 Personen

einige Kopfsalatblätter
400 g zarte grüne Bohnen
2 rote Zwiebeln
1 Salatgurke
50 g Bierhefe
1 gehäufter EL geröstete Pinienkerne
5 EL Olivenöl extravergine
2 EL Weißweinessig
Salz (oder natriumarmer Kochsalzersatz)

Die Bohnen waschen, die Stiele, aber nicht die Spitzen entfernen, denn gerade in diesem Teil der Bohne sind die wertvollsten Stoffe konzentriert. Die Bohnen in wenig Wasser al dente kochen, auf einem Sieb abtropfen lassen. Die Gurke längs so schälen, daß 3 Streifen von Schale stehenbleiben. Die Zwiebel schälen und fein schneiden. Auf den Tellern die Kopfsalatblätter, 3/4 der feingeschnittenen Gurke, die Bohnen und die Zwiebeln anordnen, alles mit gehackten Pinienkernen und der zerkrümelten Bierhefe bestreuen. Den Rest der Gurke kleinschneiden, in ein Tuch wickeln und ausdrücken, um den Saft zu gewinnen. Diesen in einer Schüssel auffangen, mit 2 Eßlöffeln Essig und 5 Eßlöffeln Öl mischen. Die Schale der Gurke hacken und zur Vinaigrette hinzugeben. Nach Belieben salzen und die Vinaigrette über den Salat gießen.

INSALATA CONTRO L'INAPPETENZA

Salat gegen Appetitlosigkeit

Für 4 Personen

1 rohe Rote Bete
2 Karotten
1/2 Weißkohl
2 EL geschälte Mandeln
2 EL Walnußkerne
2 EL Weizenkeime
1 Bund Estragon
Weißweinessig
Walnußöl
Salz

Die Karotten und die Rote Bete putzen und waschen, beide raspeln. Den Weißkohl waschen und fein schneiden. Die drei Gemüsesorten auf Tellern anrichten, ohne sie miteinander zu mischen, gehackte Walnüsse und Mandeln sowie die Weizenkeime hinzugeben. Den Estragon hacken und über die Teller streuen. Mit Walnußöl und Essig würzen, nach Belieben salzen.

INSALATA CALMANTE PER IPERTESI

Beruhigender Salat für Nervöse

Für 4 Personen

1 großer Kopfsalat
4 Stangen Sellerie
2 gelbe Pfirsiche
2 Äpfel, vorzugsweise Granny Smith
1 Handvoll Sellerieblätter
Majoran, Melisse, Thymian, Salbei
3 EL Rotweinessig
6 EL Olivenöl extravergine
Salz (oder natriumarmer Kochsalzersatz)

Mild abführender Salat

Den Sellerie waschen und in Stückchen schneiden. Den Kopfsalat waschen, die inneren Blätter ganz lassen, die übrigen mit den Händen in mundgerechte Stücke zupfen. Die Früchte waschen und abtrocknen. Das Kerngehäuse der Äpfel und die Pfirsichkerne entfernen, das Fruchtfleisch in Scheiben schneiden, ohne die Früchte zu schälen. Alle Zutaten auf vier Tellern anordnen. Die Kräuter hacken und zu einer Vinaigrette aus 3 Eßlöffeln Essig und 6 Eßlöffeln Olivenöl geben. Die Vinaigrette nach Belieben salzen und über den Salat gießen.

INSALATA ENERGETICA

Energiesalat

Für 4 Personen

150 g junger Spinat
300 g Kürbis
200 g Maiskörner
6 Topinambur
1 EL Essig für das Kochwasser
1 Kopfsalatherz
150 g tiefgekühlte junge Erbsen
1 Bund Petersilie
3 EL Obstessig
6 EL Olivenöl extravergine
Salz (oder natriumarmer Kochsalzersatz)

Die Schale vom Kürbis abschneiden, die Kerne entfernen, das Fleisch in Stückchen schneiden und 5 Minuten in Wasser kochen. Die Topinambur schälen, 5 bis 6 Minuten in Wasser kochen, dem ein Eßlöffel Essig zugefügt wurde. Den Spinat sorgfältig waschen und abtrocknen. Den Salat, den Spinat, die gekochten Erbsen, den Mais, den Kürbis und die in Scheiben geschnittenen Topinambur auf den Tellern anordnen. Die Petersilie grob hacken und über die Gemüse streuen. In einer Schüssel 3 Eßlöffel Obstessig und 6 Eßlöffel Olivenöl vermischen, nach Belieben salzen und die Vinaigrette über die Gemüse gießen.

INSALATA "ELISIR DI GIOVINEZZA"

Salat „Jungbrunnen“

Für 4 Personen

4 Aprikosen
2 kleine Orangen
1 Grapefruit
1 Banane
4 Karotten
6 gekochte und geschälte Kastanien
50 g Haselnüsse
4 frische Datteln
6 EL ungezuckerte Cornflakes
400 g Joghurt aus Kuhmilch
1 TL geriebene Orangenschale

Die Karotten putzen, waschen und raspeln. Die Früchte waschen, die Bananen in Scheiben schneiden, die Orangen und die Grapefruit großzügig schälen und in Spalten schneiden, ebenso die Aprikosen. Die Kastanien, die Haselnüsse und die entsteinten Datteln grob hacken, mit dem Joghurt vermischen, mit gehackter Orangenschale würzen. Die Karotten und die Früchte auf den Tellern in getrennten Häufchen anordnen, mit Cornflakes bestreuen, den Joghurt in die Mitte geben. Dieser Salat reicht für ein Mittagessen aus, denn er ist nahrhaft, ohne den Magen zu belasten.

INSALATA ANTI-COLESTEROLO

Anti-Cholesterin-Salat

Für 4 Personen

4 Artischocken
200 g Maiskörner
150 g gekochte Sojabohnen
1 Kopfsalatherz
geschälte Sonnenblumenkerne
Zitronensaft
Weißweinessig
Sonnenblumenöl
Salz (oder natriumarmer Kochsalzersatz)

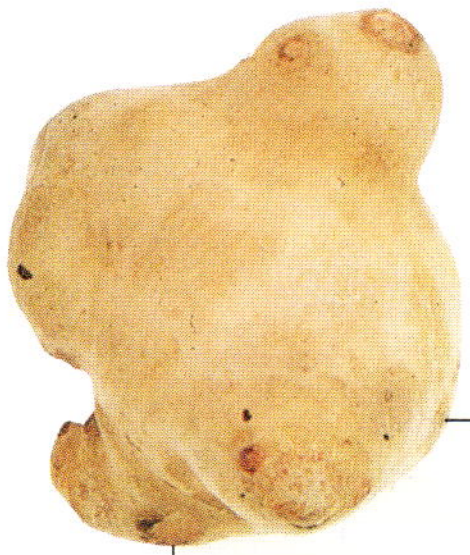

Energiesalat

Die harten und stacheligen Blätter der Artischocken und das Stroh im Innern entfernen. Den Rest fein schneiden und sofort in Wasser legen, das mit Zitronensaft gesäuert wurde. Den Kopfsalat waschen und abtrocknen, die Blätter auf dem Rand der Teller anordnen. In getrennten Häufchen die Sojabohnen, die Maiskörner, die abgetropften und abgetrockneten Artischockenstücke hinzugeben. Über jeden Teller 1 Teelöffel geschälte und geröstete Sonnenblumenkerne streuen. Mit Salz, Essig und Sonnenblumenöl würzen.

I · N · S · A · L · A · T · E

RAFFINIERT

Die Nouvelle Cuisine war auf gastronomischem Gebiet die wichtigste Neuerung der letzten Jahre. Sie entstand innerhalb einer weltweit anerkannten Küche, wo jedoch die Notwendigkeit erkannt wurde, sich den neuen ernährungswissenschaftlichen, gastronomischen und ästhetischen Tendenzen anzupassen. Sie wurde in den Himmel gelobt, fand große Aufmerksamkeit in den Medien, wurde in die ganze Welt exportiert, schließlich aber übertrieben und kritisiert. Heute ist sie vielleicht nicht mehr so in Mode wie vor einigen Jahren. Doch läßt sich nicht leugnen, daß sie uns zwei Dinge gelehrt hat, die man nicht so leicht vergessen kann: daß ein Gericht nicht nur gut, sondern auch schön und leicht bekömmlich sein kann. Ohne nun den Anspruch zu erheben, hier eine Nouvelle Cuisine im engeren Sinn vorzuführen, haben wir uns gedacht, den raffinierten Salaten ein ausgesprochen ästhetisches und erlesenes Aussehen zu verleihen. Es paßt gut zu den wertvollen Zutaten dieser Rezepte. Lachs, Kaviar, Langusten und Trüffel bringen so die höchste Aufmerksamkeit für Auge und Gaumen.

Vorhergehende Doppelseite:
Jakobsmuscheln auf Salat

CAPESANTE IN INSALATA

Jakobsmuscheln auf Salat

Für 4 Personen

50 g Pasqualina (Rucola)
das Herz eines krausen Endiviensalats
1 ungespritzte Clementine
1 Zitrone
1 Bund Estragon
1 EL Mayonnaise
0,15 l Crème fraîche
1 Gläschen Vermouth
Butter
Salz, frisch gemahlener weißer Pfeffer

Die Jakobsmuscheln öffnen und mit einem scharfen Messer das Fleisch von der Schale trennen. Die Muscheln unter fließendem Wasser waschen. 1 Teelöffel Butter in einer kleinen Pfanne erhitzen, die Jakobsmuscheln darin auf beiden Seiten anbraten, das Bratfett abgießen, salzen und pfeffern, das Fleisch mit dem Vermouth begießen. Die Clementine waschen und abtrocknen, die Schale in Streifen abschälen und beiseite legen, den Saft auspressen. In einer Schüssel die Mayonnaise, die Crème fraîche, den Saft einer halben Zitrone und der Clementine miteinander mischen, die Marinade mit gehacktem Estragon würzen, salzen und pfeffern. Die Salate waschen und auf Tellern anordnen, Endivienblätter in der Mitte und die Pasqualina strahlenförmig, beide mit Clementinenschale garnieren. Die Jakobsmuscheln mit der Marinade würzen, je fünf auf den Teller legen, die restliche Marinade in einer Schüssel getrennt servieren.

INSALATA DI UOVA DI QUAGLIA E CAVIALE

Salat von Wachteleiern und Kaviar

Für 4 Personen

50 g junger Schnittsalat
(Parella, Pasqualina usw.)
12 hartgekochte Wachteleier
1 Bund Schittlauch

Salat von Wachteleiern und Kaviar

50 g Kaviar
1 EL Zitronensaft
2 EL Olivenöl extravergine
Salz, frisch gemahlener Pfeffer

Die Wachteleier schälen und in dicke Scheiben schneiden. Den Salat putzen und waschen. Eine Vinaigrette aus folgenden Zutaten bereiten: 1 Eßlöffel Zitronensaft, 2 Eßlöffel Öl, 1 Prise Salz und 1 Prise Pfeffer. Auf jedem Teller Salatblätter strahlenförmig anordnen, vorher mit der Vinaigrette würzen. Neben jedes Blatt kommt eine Scheibe Ei und auf der anderen Seite etwas Kaviar. In die Mitte jedes Tellers ein Blatt legen, zusammen mit Ei und reichlich Kaviar. Mit einzelnen Schnittlauchfäden garnieren und sofort mit getoastetem Brot servieren.

Insalata di Cuori di Carciofo

Salat von Artischockenherzen

Für 4 Personen
12 Artischocken
Saft einer halben Grapefruit
3 EL Zitronensaft
0,2 l Crème fraîche
1 Bund Melisse
Salz, frisch gemahlener Pfeffer

Alle Blätter der Artischocken und das Stroh im Innern entfernen, nur die fleischigen Böden aufheben und sofort in mit Zitronensaft gesäuertes Wasser legen, damit sie nicht schwarz werden. Die Crème fraîche mit 1 Eßlöffel Zitronensaft vermischen, 1 Stunde bei Zimmertemperatur ziehen lassen. In einer Kasserolle den Grapefruitsaft erhitzen und auf 2 Eßlöffel reduzieren, zur Crème fraîche hinzugeben, alles mit Salz, Pfeffer und gehackter Melisse würzen, dann zum Erkalten in den Kühlschrank stellen. Die Artischockenböden in Salzwasser kochen, dem 2 Eßlöffel Zitronensaft hinzugegeben wurden. Abtropfen lassen und noch lauwarm mit der kalten Marinade begießen.

Insalata di Aragosta e Verdura al Vapore

Langustensalat mit dampfgegartem Gemüse

Für 4 Personen
2 Langusten
1 Handvoll Zuckererbsen
1 Handvoll zarte grüne Bohnen
2 Karotten
20 Spargel
4 reife Tomaten
1 Frühlingszwiebel
1 Knoblauchzehe
5 EL Olivenöl extravergine
Chilipulver
Zitronensaft
Salz, Pfeffer

Die Gemüse putzen, die Karotten schräg in Scheiben schneiden und alle Gemüse im Dampftopf garen, sie sollten aber knackig bleiben. Die Tomaten 2 Minuten brühen, schälen, das flüssige Innere und die Samen entfernen, den Rest grob hacken, mit Salz, Pfeffer, dem gehackten grünen Teil der Frühlingszwiebel und einigen Tropfen Knoblauchsaft würzen, mit 5 Eßlöffeln Olivenöl und 1 Messerspitze Chilipulver vermischen, mindestens 30 Minuten ziehen lassen. Die Langusten mit dem Kopf voran in eine große, hohe Kasserolle mit sprudelnd kochendem Salzwasser werfen; die Tiere müssen unbedingt vollständig in den Topf passen und vollständig vom Wasser bedeckt sein. 20 bis 25 Minuten kochen und auf einem Durchschlag abtropfen lassen. Die Langusten schälen, auch das Muskelfleisch aus den Beinen lösen, die Schwänze abtrennen und auf die einzelnen Teller verteilen, mit dem dampfgegarten Gemüse dekorieren, mit der Tomatensauce übergießen und sofort servieren.

Langustensalat mit dampfgegartem Gemüse

Gänseleberpastete mit Radicchio

WALDORF SALAD

Waldorfsalat

Für 4 Personen

2 rote Äpfel
4 zarte Stangen Sellerie
2 EL gehackte Walnüsse
1 EL gehackter Schnittlauch
150 g Mayonnaise
150 g Joghurt
Salz, frisch gemahlener Pfeffer

Den Joghurt mit der Mayonnaise verrühren, die Marinade salzen und pfeffern. Die Äpfel schälen, das Kerngehäuse entfernen, das Fruchtfleisch in Würfel schneiden, mit der Marinade würzen, bevor es sich bräunlich verfärbt, schließlich den in Scheiben geschnittenen Sellerie und die Nüsse zugeben. Den Salat auf den Tellern anrichten und mit Schnittlauch garnieren.

PÂTÉ E RADICCHIO IN INSALATA

Gänseleberpastete mit Radicchio

Für 4 Personen

200 g Gänseleberpastete
1 Bund Dill
1 Bund Brunnenkresse
1 Kopf Radicchio
250 g rote Johannisbeeren
2 EL mit Johannisbeeren aromatisierter Essig
4 EL Walnußöl
Salz, frisch gemahlener Pfeffer

Den Radicchio und die Brunnenkresse putzen, waschen und abtrocknen. Eine Vinaigrette aus 2 Eßlöffeln Essig, 4 Eßlöffeln Öl, Salz und Pfeffer herstellen, diese mit einem Zweig Dill mindestens eine halbe Stunde ziehen lassen. Die Johannisbeeren waschen und sorgfältig abtrocknen, die Beeren nicht abstreifen, sondern als Rispen belassen. 2 Eßlöffel in warmes Wasser tauchen und damit zwölfmal Gänseleber in Form halbierter Eier ausstechen. Auf jeden Teller 3 Portionen Gänseleberpastete abwechselnd mit Radicchioblättern und Johannisbeeren setzen, in die Mitte ein Büschel Brunnenkresse legen. Den Dill aus der Vinaigrette nehmen und diese über die Salate und die Johannisbeeren gießen. Die Gänseleberpastete mit Dillzweigen dekorieren und mit getoastetem dunklem Brot servieren.

CARPACCIO DI GRAVLAX E RUCOLA

Carpaccio von Graved Lachs mit Rucola

Für 4 Personen

2 Bündel Rucola
750 g Lachsfilet
2 EL Honig
4 EL gehackter Dill
2 EL Senf
4 EL saure Sahne
1 EL Weißweinessig
4 EL Olivenöl extravergine
Salz, schwarzer Pfeffer in Körnern

In einem Mörser 1 Eßlöffel Pfefferkörner zerstoßen, mit 2 Eßlöffeln gehacktem Dill, dem Honig und 2 Eßlöffeln feinem Salz vermischen. Die Hälfte dieser Mischung auf einen Servierteller geben, das eine Lachsfilet darauflegen und mit der restlichen Mischung bedecken. Darüber kommt das zweite Lachsfilet. Alufolie darüberbreiten und Gewichte darauflegen, 2 oder 3 Tage im Kühlschrank ziehen lassen, dabei die Filets einmal am Tag wenden. Vor dem Servieren die Beize mit einem Messer vom Lachs entfernen und diesen wie einen Räucherlachs in dünne Scheiben schneiden. Auf 4 Tellern anrichten.
Die Rucola putzen und waschen, fein schneiden und ein Büschel davon in die Mitte jedes Tellers legen. In einer Schüssel die saure Sahne mit dem Senf, 1 Eßlöffel Essig, 4 Eßlöffeln Öl, 2 Eßlöffeln gehacktem Dill, Salz und frisch gemahlenem Pfeffer verrühren, die Marinade getrennt zu den Lachsscheiben servieren.

INSALATA DI ANGUILLA AFFUMICATA AL PEPE VERDE

Salat aus Räucheraal mit grünem Pfeffer

Für 4 Personen

16 kleine Räucheraalfilets
1 große Zucchini
1 große Karotte
1/2 Daikonrettich
1/2 EL getrockneter grüner Pfeffer
2 ungespritzte Zitronen
7 EL Olivenöl extravergine
Salz, frisch gemahlener Pfeffer

Die Aalfilets auf einen Teller legen, mit 2 Eßlöffeln Zitronensaft und 3 Eßlöffeln Öl beträufeln. Den grünen Pfeffer im Mörser zerstoßen, die Aalstücke damit bestreuen, 1 Stunde marinieren lassen. Die Gemüse putzen und waschen, erst in dünne Scheiben und dann in kleine Würfel schneiden. In einer Schüssel 2 Prisen Salz, 1 Prise schwarzer Pfeffer, 1 Prise grüner Pfeffer, 2 Eßlöffel Zitronensaft, 4 Eßlöffel Öl mit einem Schneebesen gründlich vermischen und diese Vinaigrette über die Gemüse gießen. Das Gemüse auf 4 Teller verteilen. Den Grill stark erhitzen, die Aalfilets so lange auf den Rost legen, bis er einen Abdruck hinterläßt. Je 4 Filets kreuzweise auf den Tellern anordnen, mit Zitronenscheiben garnieren und sofort servieren.

Salat aus Räucheraal mit grünem Pfeffer

INSALATA DI FAGIOLI E SCAMPI

Salat aus Bohnenkernen und Scampi

Für 4 Personen

24 ganze, große Scampi
300 g gekochte, weiße Bohnen
100 g Feldsalat
2 Frühlingszwiebeln
6 El Olivenöl extravergine
5 EL Rotweinessig
2 EL gehackte Petersilie
Salz
frisch gemahlener kreolischer Pfeffer
(oder eine Mischung aus schwarzen,
weißen und roten Pfefferkörnern)

Die Frühlingszwiebeln in Scheiben schneiden und in eine große Pfanne mit 6 Eßlöffeln Olivenöl geben. Wenn das Öl heiß wird, die Scampi hinzugeben und bei großer Hitze 5 Minuten anbraten. In der Zwischenzeit 5 Eßlöffel Essig in einer Kasserolle auf die Hälfte reduzieren, über die Scampi gießen, salzen und reichlich kreolischen Pfeffer darüberstäuben. Den Feldsalat waschen und abtrocknen, zu den Bohnen geben. 20 Scampi schälen, halbieren und zum Salat legen. Alles mit der Bratflüssigkeit der Scampi, mit Petersilie und weiterem Pfeffer würzen, salzen nach Belieben, auf Tellern anrichten und mit den restlichen 4 ganzen ungeschälten Scampi garnieren.

INSALATA AI TARTUFI

Salat mit Trüffeln

Für 4 Personen

2 Bleichsellerie
120 g Parmesan
1 weiße Trüffel, ungefähr 60 g
Olivenöl extravergine
Salz, frisch gemahlener Pfeffer

Die Trüffel sorgfältig abbürsten, um alle anhaftende Erde zu entfernen, bei Bedarf mit einem in Weißwein getauchten Tuch abtupfen. Die äußeren zähen Stangen vom Bleichsellerie entfernen, die übrigen waschen und in Scheiben schneiden. Den Parmesan in dünne Flocken schneiden. Die beiden Zutaten in einer Schüssel vermischen und mit Salz, reichlich Pfeffer und Olivenöl würzen. Den Salat auf die Teller verteilen. Erst bei Tisch jede Salatportion mit einer dünnen Schicht gehobelter Trüffel bedecken.

INSALATA IN ROSSO

Salat in Rot

Für 4 Personen

12 Scheiben Parmaschinken
1/8 Wassermelone
1 Radicchio
2 Chicorée
1/4 in Essig eingelegte rote Paprikaschote
100 g Mayonnaise
1 TL mit Himbeeren oder Erdbeeren
aromatisierter Essig
süßes Paprikapulver
3 EL süße Sahne
frisch gemahlener Pfeffer

Die Salate putzen und waschen, in Scheiben schneiden und dann grob hacken. Auch die Paprikaschote hacken. Den Essig, 1 Prise Paprikapulver, 1 Prise Pfeffer und die süße Sahne mit der Mayonnaise verrühren, den Salat mit dieser Marinade vermischen und nach Belieben salzen. Aus dem Parmaschinken 12 Trichter formen, diese mit dem gemischten Salat füllen, auf einem Servierteller anrichten und mit Wassermelonenkugeln garnieren. Die Kugeln formt man mit einem einfachen, halbkugelförmigen Instrument mit scharfen Rändern. Bis zum Servieren im Kühlschrank ziehen lassen.

Insalata Di Salmone In Gelatina

Lachsgelee auf Salat

Für 4 Personen

4 Scheiben Lachs
1 Bund Petersilie
1 Handvoll Sauerampferblätter
200 g kleine Brokkoli
4 kleine Zucchini
das Herz eines krausen Endiviensalats
4 kleine Tomaten
1 Karotte
1 Selleriestange
1 kleine Lauchstange
1 Zwiebel
1 Lorbeerblatt
einige Pfefferkörner
1 Gewürznelke
0,4 l trockener Weißwein
1 Gläschen Cognac
2 Gelatineblätter
4 EL Olivenöl extravergine
2 EL mit Erdbeeren aromatisierter Essig
1 EL Zitronensaft
Salz, frisch gemahlener Pfeffer

Die Karotte, die Selleriestange, den Lauch und die Zwiebel putzen. Die Gemüse in Stücke schneiden und mit 3/4 l Wasser, dem Weißwein, dem Lorbeerblatt, der Gewürznelke und den Pfefferkörnern in eine Kasserolle geben. Langsam zum Kochen bringen und 20 Minuten köcheln lassen. Durch ein Sieb gießen, leicht salzen, darin die Zucchini und die Brokkoliröschen blanchieren. Auf einem Durchschlag abtropfen lassen, die Zucchini in Scheiben schneiden, die Brokkoliröschen halbieren. Den Lachs 10 Minuten in dieser Brühe ziehen lassen, herausnehmen, abtropfen lassen, entgräten und enthäuten, schließlich in Würfel schneiden. Die Petersilie und die Sauerampferblätter waschen, beide fein hacken, zu den Lachsstückchen geben und gut durchmischen. Die Courtbouillon durch ein feines Sieb gießen, wieder auf den Herd stellen, auf 0,4 l reduzieren, den Cognac hinzugießen, den Alkohol verdampfen lassen, schließlich abkühlen lassen. In der Zwischenzeit die Gelatineblätter in kaltem Wasser einweichen, ausdrücken und in der noch warmen Brühe lösen. Wenn das Gelee nur noch lauwarm ist, je 1 Eßlöffel davon in vier Formen gießen, diese 5 Minuten in den Kühlschrank stellen, herausnehmen, die Lachsstückchen mit den Kräutern darauf anordnen, den Rest des Gelees darübergießen. Im Kühlschrank erstarren lassen. Das feste Lachsgelee aus der Form stürzen, je eines in der Mitte des Tellers anordnen, mit dem gekochten Gemüse, den Tomatenachteln und dem Salat garnieren. Diesen im letzten Augenblick mit einer Vinaigrette aus Öl, Zitronensaft, Essig, Salz und Pfeffer würzen.

Insalata Di Ovoli

Salat aus Kaiserlingen

Für 4 Personen

600 g noch geschlossene Kaiserlinge
120 g Parmesan
3 EL Zitronensaft
5 EL Olivenöl extravergine
Salz, frisch gemahlener weißer Pfeffer

Die Kaiserlinge sorgfältig putzen, mit einem feuchten Tuch alle Erde entfernen, die Pilze fein schneiden. Den Parmesan mit einem Käsehobel in dünne Schuppen schneiden, die beiden Zutaten auf die Teller verteilen. Kurz vor dem Servieren eine Vinaigrette aus 2 Eßlöffeln Zitronensaft, 5 Eßlöffeln Öl, Salz und Pfeffer herstellen und diese über den Pilzsalat gießen.

Lachsgelee auf Salat

I · N · S · A · L · A · T · E

KREATIV

Die familiäre Küche war seit jeher das Reich der Frau, der Hausfrau oder der Hausangestellten, der Ehefrau oder Mutter. In den letzten Jahren haben veränderte Lebensformen dazu geführt, daß die Freuden der Küche neu entdeckt wurden. Die Rede ist von jungen Leuten, den Singles, die allein wohnen, sehr unabhängig leben und Karriere machen. Es sind aktive, energiegeladene Menschen, die beim Rühren in den Töpfen Entspannung von ihrem hektischen Leben finden. Es mag eine Mode sein, ein Überdruß am Restaurantessen oder einfach die Lust, am Abend Freunde und Kollegen einzuladen, ohne auf die üblichen Fertiggerichte zurückzugreifen. Jedenfalls bindet sich der Single, weiblich oder männlich, die Schürze um und stellt sich entschlossen und mit großem Interesse der Küchenarbeit. Seine Küche ist hochmodern eingerichtet, ausgetüftelt bis in die letzten Einzelheiten und vor allem kreativ, mit viel Sinn für ästhetische und gastronomische Notwendigkeiten. Eine Küche, in der man sich spontan zusammenfindet und hoffentlich gute Ergebnisse erzielt. Entscheiden Sie selbst!

Vorhergehende Doppelseite:
Lachs auf gemischtem Salat

INSALATA MISTA AL SALMONE

Lachs auf gemischtem Salat

Für 4 Personen

400 g frischer Lachs
2 Selleriestangen
1 krauser Endiviensalat
1/4 einer gelben Paprikaschote
1/4 einer roten Paprikaschote
2 Zucchini
2 Karotten
1/2 EL Anchovispaste
1/2 Knoblauchzehe
Saft einer Zitrone
5 EL Olivenöl extravergine
Salz, Pfeffer

Alle Gemüse putzen und waschen, die Paprikaschoten in Streifen schneiden. Den Sellerie in schräge Streifen schneiden. Den Lachs 10 Minuten in köchelndem Salzwasser ziehen lassen, herausnehmen, auf Küchenkrepp abtropfen lassen, enthäuten und entgräten, in Stücke zerteilen und mit Pfeffer und wenig Zitrone würzen.
Die Karotten und die Zucchini in lange Streifen schneiden, für 2 bis 3 Minuten in kochendes Wasser legen und dann so auf den Tellern anrichten, daß ein gitterförmiges Muster entsteht. Die Knoblauchzehe zerdrücken und mit 1/2 Eßlöffel Anchovispaste gut vermischen. Langsam mit dem Zitronensaft und 5 Eßlöffeln Öl verrühren. Den Salat, die Paprikaschoten, den Sellerie und den Lachs in einer Schüssel vermischen, mit der Vinaigrette würzen, auf die Teller verteilen und servieren.

INSALATA CON FEGATINI E LAMPONI

Salat von Hühnerleber und Himbeeren

Für 4 Personen

200 g junger Salat
(Feldsalat, Parella, Pasqualina)

Salat
von Hühnerleber
und Himbeeren

1 Schale Himbeeren
16 Hühnerlebern
2 Gläschen Sherry
4 EL mit Himbeeren
aromatisierter Essig
4 EL Olivenöl extravergine
30 g Butter
1 TL rosa Pfeffer
Salz

Die Salatblätter und die Früchte waschen, abtrocknen und auf die 4 Teller verteilen. Die Hühnerlebern mit einem scharfen Messer putzen, leicht salzen. 30 g Butter in einer Pfanne erhitzen, die Lebern darin 5 Minuten anbraten. Das Bratfett weggießen, die Pfanne wieder auf den Herd stellen, den Sherry und 1 Teelöffel zerstoßenen rosa Pfeffer hinzufügen. 2 bis 3 Minuten weiterbraten, die Hühnerlebern herausnehmen und warm halten. Den Kochfond mit 4 Eßlöffeln Essig lösen, durch ein feines Sieb in eine Schüssel geben, 4 Eßlöffel Öl hinzugeben und diese Vinaigrette mit einem Schneebesen schlagen. Die Hühnerlebern halbieren und auf die Teller verteilen. Den Salat mit der lauwarmen Sauce würzen und sofort servieren.

INSALATA ALL'UVA

Salat mit Trauben

Für 4 Personen

2 Endivienherzen
4 kleine hellrote
Weintraubenrispen
300 g Ziegenkäse
2 EL gestiftelte Mandeln
süßes Paprikapulver
Tabascosauce
2 EL mit Erdbeeren
aromatisierter Essig
4 EL Olivenöl extravergine
Salz, Pfeffer

Salat mit Trauben

Mit dem frischen Ziegenkäse, 2 Prisen Salz, 2 Prisen Pfeffer und einigen Tropfen Tabascosauce verrühren. Mit den Händen traubengroße Kugeln formen, mit Paprikapulver bestreuen und in den Kühlschrank stellen. Den Salat waschen, abtrocknen und mit den Händen in mundgerechte Stücke zupfen. Die Mandeln unter dem Grill rösten, bis sie Farbe annehmen. Die Traubenrispen waschen und abtrocknen. 2 Eßlöffel Erdbeeressig mit 4 Eßlöffeln Olivenöl mischen, salzen und pfeffern. Den Salat mit dieser Vinaigrette würzen und auf 4 Teller verteilen. Auf jeden Teller eine Traubenrispe legen, einige Käsekugeln dazwischensetzen. Einzelne Trauben mit den Käsekugeln auf dem Salat verteilen. Die Mandeln darüberstreuen. Wer diesen Salat weniger raffiniert anrichten will, löst die Trauben von den Stielen und mischt sie mit den übrigen Zutaten.

INSALATA DI PERE E TONNO

Salat von Birnen und Thunfisch

Für 4 Personen

4 Williamsbirnen

400 g Thunfischfleisch aus der Dose

1 EL gehackte Petersilie

1/2 EL feingeschnittener Schnittlauch

100 g Feldsalat

Saft von zwei Zitronen

4 EL Olivenöl extravergine

Salz

Den Feldsalat putzen und waschen, sorgfältig abtrocknen, ohne die Blätter zu verletzen. Die Birnen waschen, die Kerngehäuse entfernen, das Fruchtfleisch in Würfel schneiden. Das abgetropfte Thunfischfleisch mit einer Gabel zerpflücken. Den Thunfisch und die Birnenstückchen in eine Schüssel geben, mit Zitronensaft und Öl beträufeln, mit den Kräutern würzen, leicht salzen. Kurz vor dem Servieren den Feldsalat untermischen, auf vier Schalen verteilen und servieren.

INSALATA CON PERE E AVOCADO

Salat mit Birnen und Avocado

Für 4 Personen

1 Endiviensalat
16 Scheiben Parmaschinken
2 rote Williamsbirnen
1 Avocado
200 g Frischkäse
Saft einer Zitrone
1 EL Weißweinessig
3 EL Olivenöl extravergine
Salz, frisch gemahlener Pfeffer

Den Endiviensalat putzen und waschen, die Blätter mit den Händen in mundgerechte Stücke zupfen. Den Weichkäse in kleine Stücke schneiden. Eine Vinaigrette aus 1 Eßlöffel Essig und 3 Eßlöffeln Öl herstellen, salzen und pfeffern. Die Birnen waschen und halbieren, das Kerngehäuse entfernen, das Fruchtfleisch in feine Scheiben schneiden. Die Avocado schälen, den großen Kern entfernen, den Rest in Scheiben schneiden. Die beiden Früchte mit Zitronensaft beträufeln, damit sie nicht braun anlaufen.
Den Boden jedes Tellers mit 4 Schinkenscheiben bedecken. Den Salat mit dem Käse mischen, mit der Vinaigrette würzen und ihn auf der einen Seite des Tellers anrichten. Die andere Hälfte abwechselnd mit Avocado- und Birnenscheiben garnieren.

INSALATA DI UOVA DI QUAGLIA, GRANA E PASQUALINA

Salat von Wachteleiern, Parmesan und Pasqualina

Für 4 Personen

32 Wachteleier
100 g Parmesan
150 g frische Pasqualina
Saft von zwei Zitronen
Olivenöl extravergine
Salz, frisch gemahlener Pfeffer

Die Wachteleier in eine Kasserolle mit kaltem Wasser legen, auf den Herd stellen, nach dem Aufkochen 1 Minute im Wasser belassen. Die Eier unter fließendem Wasser abkühlen, schälen und ganz erkalten lassen.
Den Salat putzen, waschen und sorgfältig trockenschleudern. Den Teller mit dem Salat auslegen, mit den in Scheiben geschnittenen Eiern und dem in feine Schuppen geschnittenen Parmesan bedecken. Den Salat mit Pfeffer, wenig Salz, Zitronensaft und Olivenöl würzen.

INSALATA DI CANNOLICCHI ALLA MENTA

Salat aus Taschenmessermuscheln mit Minze

Für 4 Personen

1 kg Taschenmessermuscheln
1 Bund frische Minze
1 kleiner Kopfsalat
3 junge Frühlingszwiebeln
Saft von zwei Zitronen
1 Glas Weißwein
1 Knoblauchzehe
Olivenöl extravergine
Salz, frisch gemahlener Pfeffer

Salat mit Birnen und Avocado

Salat mit Räucheraroma

Die Taschenmessermuscheln sorgfältig waschen und einige Stunden in fließendes Wasser legen. Den Weißwein in eine große Kasserolle geben, die Hälfte der Minze und die Taschenmessermuscheln hinzugeben und bei starker Hitze kochen, bis die Muscheln sich öffnen. Das Muschelfleisch aus den Schalen nehmen, in eine Schüssel geben, pfeffern, mit Zitronensaft, Knoblauch und den gehackten Frühlingszwiebeln, der restlichen, mit der Schere kleingeschnittenen Minze und reichlich Olivenöl würzen. Den Kopfsalat waschen, die größten Blätter mit den Händen in mundgerechte Stücke zupfen und auf die Teller legen, mit dem marinierten Muschelfleisch bedecken und servieren.

INSALATA AFFUMICATA

Salat mit Räucheraroma

Für 4 Personen
das Herz eines krausen Endiviensalats
1 Bund Garten-Rucola
(mit kurzen Blättern)
1 Bund wilde Rucola
(mit längeren, festeren Blättern)
4 Champignons
1 Provola oder Scamorza affumicata
3 EL Rotweinessig
7 EL Olivenöl extravergine
1 TL Fenchelsamen
Salz, einige Pfefferkörner

Den Pfeffer, die Fenchelsamen und 2 Blätter Rucola im Mörser zerstoßen, bis man eine Pastete erhält, mit 3 Eßlöffeln Essig und 7 Eßlöffeln Öl verrühren, salzen und gut durchmischen. Die Salate waschen, abtrocknen und mit den Händen in mundgerechte Stücke zupfen. Die Pilze putzen, unter fließendem Wasser abspülen, abtrocknen und in feine Scheiben schneiden. Die Außenhaut der Provola mit einem feuchten Tuch reinigen, den Käse in fast durchsichtige Scheiben schneiden (am besten mit einem Hobel oder mit der Maschine). Alle Zutaten in eine Schüssel geben und kurz vor dem Servieren mit der Fenchel-Vinaigrette übergießen.

INSALATA DI PEPERONI E RUCOLA

Salat von Paprikaschoten und Rucola

Für 4 Personen
1 gelbe Paprikaschote
1 rote Paprikaschote
1 grüne Paprikaschote
2 Bund Rucola
2 EL Paniermehl
1 1/2 EL Sultaninen
1 EL Pinienkerne
2 EL Rotweinessig
7 EL Olivenöl extravergine
Salz, Pfeffer

Die Paprikaschoten putzen, waschen, die Samen entfernen, den Rest in Streifen schneiden. 6 Eßlöffel Öl in einer großen Pfanne erhitzen, die Paprikastreifen hineinlegen und 3 bis 4 Minuten anbraten, herausnehmen und warm stellen. Die Sultaninen und die Pinienkerne in die Pfanne geben, goldgelb braten, mit den Paprikastreifen vermischen. Zum Bratfond 1 Eßlöffel Öl und das Paniermehl hinzugeben, anbraten, bis es Farbe erhält. In der Zwischenzeit die Rucola putzen und waschen, mit den Händen in mundgerechte Stücke zupfen, zu den Paprikastreifen

hinzugeben, salzen, pfeffern, alles mit 2 Eßlöffeln Essig würzen und das Paniermehl darüberstreuen. Den Salat lauwarm servieren.

INSALATA CON PRAGA E ANANAS

Salat mit Prager Schinken und Ananas

Für 4 Personen

200 g gemischter roter Salat
(Radicchio, Trevisana)
1 Scheibe Prager Schinken zu 300 g
4 Scheiben frische Ananas
einige EL Ananassaft
3 EL Sherryessig
4 EL Olivenöl extravergine
Salz, frisch gemahlener kreolischer Pfeffer

Die Salatblätter waschen, die größeren Blätter kleinschneiden, die inneren ganz belassen. Den Prager Schinken in grobe Würfel, die Ananas in Stückchen schneiden. Den Ananassaft in einer kleinen Kasserolle erhitzen, wenn er sirupartig wird, vom Herd nehmen, 3 Eßlöffel Sherryessig, 4 Eßlöffel Öl und Salz hinzugeben. Alle Zutaten in einer Schüssel vermischen, mit der Vinaigrette übergießen und darüber reichlich kreolischen Pfeffer stäuben.

INSALATA DI ARANCE E MELONE

Orangen- und Melonensalat

Für 4 Personen

1 Endiviensalat
1 kleine grüne Melone
2 ungespritzte Orangen
2 EL Maiskörner
4 EL Mayonnaise
2 EL Joghurt
2 EL Orangensaft
2 Scheiben von einer Knoblauchzehe
Cayennepfeffer

Den Salat putzen, waschen, mit den Händen in mundgerechte Stücke zupfen. Eine Orange gut waschen, die Schale dünn abreiben und aufheben, dann die beiden Orangen großzügig schälen und in Spalten zerteilen.
Den Knoblauch zerdrücken, mit der Mayonnaise, dem Joghurt, dem Orangensaft, der abgeriebenen Orangenschale und 2 Prisen Cayennepfeffer mischen. Drei in Stücke geschnittene Orangenspalten hinzugeben und die Marinade in den Kühlschrank stellen. Die Melone schälen, das Innere mit den Samen entfernen, das Fruchtfleisch in Stücke schneiden. Die Orange, die Melone, den Mais und den Salat in eine Schüssel geben und mit der kalten Orangensauce servieren.

INSALATA DI PATATE E CIPOLLE CARAMELLATE

Salat von Kartoffeln und Karamelzwiebeln

Für 4 Personen

300 g geschälte kleine Zwiebeln
400 g junge Kartoffeln
2 EL Zucker
3 – 4 EL Obstessig
4 – 5 EL Olivenöl extravergine
1 Zweig frischer Rosmarin
Salz, frisch gemahlener weißer Pfeffer

In einer Pfanne 4 Eßlöffel Öl erhitzen, die Zwiebeln hineingeben, auf niedriger Hitze 20 Minuten dünsten und dabei immer wieder wenden. Die Kartoffeln 10 bis 15 Minuten in Salzwasser gar kochen, auf einem Durchschlag unter fließendem Wasser abkühlen, abtropfen lassen und schälen. In die Pfanne mit den Zwiebeln geben, bei Bedarf weiteres Öl hinzugießen, bei starker Hitze anbraten, mit Zucker bestreuen und diesen karamelisieren lassen. Mit einigen Eßlöffeln Essig begießen, um den Karamel zu lösen, vom Herd nehmen. Salzen, pfeffern und mit gehacktem Rosmarin bestreuen. Lauwarm oder kalt servieren.

Salat mit Prager Schinken und Ananas

RECEIPTS
ENVELOPE
ITEM
AMOUNT
TELEPHONE
ADDRESS
DAILY
MON TUE WED THUR FRI SAT SUN
APPOINTMENTS
PLAN
V
W

I · N · S · A · L · A · T · E

ALS ZWISCHENGERICHT

In diesem Kapitel sind Rezepte zusammengefaßt, die scheinbar keinen gemeinsamen Nenner haben. Es handelt sich sowohl um raffinierte als auch um traditionelle Salate, doch sind sie immer frisch, leicht und bekömmlich, ohne allzu hervorstechende oder dominierende Geschmacksrichtung. Sie eignen sich für formelle Gelegenheiten wie geschäftliche Zusammenkünfte: Man setzt sich zu Tisch, um das Arbeitsgespräch angenehmer zu gestalten. Die Salate eignen sich auch dann, wenn man über den Geschmack der Gäste wenig Bescheid weiß und Zweifel hat, ob man diese oder jene Zutaten verwenden kann. Natürlich lassen sich diese Rezepte für jedes Menü verwenden. Wenn man aber Kollegen, Kunden oder den Chef zum Mittag- oder Abendessen einlädt, sind diese Salate genau richtig.

Vorhergehende Doppelseite:
Kressesalat mit Ziegenkäse

Salat von Spinat und Parmesankäse

Insalata Di Crescione E Formaggio Di Capra

Kressesalat mit Ziegenkäse

Für 4 Personen

300 g Brunnenkresse
2 große feste Tomaten
1 Bund frischer Thymian
300 g Ziegenkäse
20 schwarze Oliven
1 TL Olivenpaste
3 EL Rotweinessig
7 EL Olivenöl extravergine
Salz, Pfeffer

Die Brunnenkresse putzen, die dicksten Stengel entfernen, nur die zarten Blätter zurückbehalten, waschen und abtrocknen. Die Tomaten waschen und in dünne Scheiben schneiden. Den Ziegenkäse in dünne Schuppen schneiden. Die Tomatenscheiben auf den Tellern kranzförmig anrichten. In der Mitte der Teller Brunnenkresse und Käse verteilen, mit den Oliven und einem Thymianzweig garnieren. In einer Schüssel die Olivenpaste mit 3 Eßlöffeln Essig und 7 Eßlöffeln Öl gut verrühren, Salz, Pfeffer und 1 Eßlöffel Thymianblätter hinzugeben. Die Vinaigrette im letzten Augenblick vor dem Servieren über den Salat gießen.

Insalata Di Spinaci E Grana

Salat von Spinat und Parmesankäse

Für 4 Personen

300 g junger Spinat
20 grüne Spargelstangen (auch tiefgekühlt)
120 g Parmesankäse im Stück
2 Eier
2 EL Pinienkerne
1 ungespritzte Zitrone
150 g Crème fraîche
Salz, frisch gemahlener Pfeffer
wahlweise Vinaigrette

3 EL Zitronensaft
6 EL Olivenöl extravergine
Salz, Pfeffer

Die Stengel von den Spinatblättern entfernen, die härtesten Blätter aussortieren. Den restlichen Spinat wiederholt in kaltem Wasser gründlich waschen, auf einem Durchschlag abtropfen lassen und abtrocknen. Die Spargelstangen schälen, mit Küchenschnur zu einem Bündel zusammenbinden und in kochendes Wasser legen. Nach 5 bis 10 Minuten aus dem Wasser nehmen, die Spitzen abschneiden und beiseite legen, die Stangen wieder ins kochende Wasser legen, bis sie gar sind. Herausnehmen, abtropfen lassen und im Mixer pürieren. Wenn das Püree zu wäßrig ist, muß es auf dem Herd eingedickt werden. Den Parmesan in dünne Schuppen schneiden, die Pinienkerne leicht unter dem Grill rösten. Die Eier 7 Minuten kochen, schälen, mit der Gabel zerdrücken. Zum Spargelpüree die Crème fraîche, den Saft und die abgeriebene Schale einer halben Zitrone, Salz und Pfeffer hinzugeben. Die Marinade mit einem Schneebesen gut verrühren und kalt stellen. Die Spinatblätter, die Spargelspitzen, den Parmesan und die Pinienkerne in eine Schüssel geben, die zerkrümelten Eier darüberstreuen, die Marinade getrennt servieren. Wer eine leichtere Sauce wünscht, stellt eine Vinaigrette aus folgenden Zutaten her: 3 Eßlöffel Zitronensaft, 6 Eßlöffel Olivenöl, Salz, reichlich Pfeffer und 2 Eßlöffel Spargelpüree.

INSALATA DI COZZE

Miesmuschelsalat

Für 4 Personen
200 g Feldsalat
2 junge Zucchini
100 g grüne Bohnen
1,2 kg Miesmuscheln
1 Bund krause Petersilie
1 kleine Zwiebel
1 Lorbeerblatt
1/2 Glas trockener Weißwein
2 Zitronen
6 EL Olivenöl extravergine
Salz, frisch gemahlener weißer Pfeffer

Die Miesmuscheln sorgfältig unter fließendem Wasser putzen, Überwucherungen von den Schalen kratzen, die Bärte (Byssusfäden) entfernen. Die Muscheln in eine große Kasserolle ohne Deckel geben und auf eine sehr heiße Herdplatte stellen. Wenn die Muscheln sich zu öffnen beginnen, das Wasser, das sich gebildet hat, abgießen, den Weißwein, die feingehackte Zwiebel und das Lorbeerblatt hinzufügen. Die Muscheln unter gelegentlichem Umwenden sich völlig öffnen lassen, dann das Muschelfleisch aus den Schalen herauslösen. Den Kochfond durch ein Sieb filtern, wieder auf den Herd stellen und auf 2 Eßlöffel Flüssigkeit reduzieren. Abkühlen lassen und mit 3 Eßlöffeln Zitronensaft, 6 Eßlöffeln Öl, Pfeffer und 1 Eßlöffel gehackter Petersilie mischen. Die Sauce nach Bedarf salzen. Die Bohnen putzen und in Stücke schneiden. Die Zucchini teilweise schälen und in 1 cm dicke Scheiben schneiden. Das Gemüse 5 bis 7 Minuten in Salzwasser kochen, herausnehmen, wenn es noch knackig ist. Den Feldsalat putzen, waschen und sorgfältig abtrocknen. Den Salat, die Bohnen, die Zucchini, das Muschelfleisch und eine Handvoll Petersilienblätter in eine Schüssel geben. Mit der Zitronensauce übergießen und vor dem Servieren gut durchmischen.

INSALATA DI ZUCCHINE CRUDE

Salat von rohen Zucchini

Für 4 Personen
10 ganz junge Zucchini
1 Bund frische Minze
150 g Joghurt
2 EL Crème fraîche
Olivenöl extravergine
1 EL Zitronensaft
1 EL Senf von Dijon
Salz, Pfeffer

Capri-Salat
mit Mozzarella

Die Zucchini waschen, die äußersten Enden abschneiden, den Rest in feine Scheiben schneiden. Mit etwas Öl, 1 Eßlöffel Zitronensaft, Salz und Pfeffer würzen. Den Senf mit der Crème fraîche und dem Joghurt vermischen, salzen und pfeffern. Die Marinade im Wasserbad unter dauerndem Rühren erwärmen. Wenn sie lauwarm ist, vom Herd nehmen und in eine vorgewärmte Schale gießen. Die Zucchini mit gehackter Minze bestreuen, die Marinade getrennt servieren.

Insalata di Formaggio con Salsa al Porto

Käsesalat mit Portweinsauce

Für 4 Personen

2 kleine Kopfsalate
250 g Roquefort
2 EL geschälte Haselnüsse
1 Knoblauchzehe
Saft einer halben Orange
1 EL Sherryessig
2 EL Portwein
1 EL Senf
1 EL Butter
6 EL Olivenöl extravergine
Salz, Pfeffer

Ein Stückchen Butter mit dem Knoblauch in einer kleinen Kasserolle erhitzen, die grobgehackten Haselnüsse hinzugeben, hin und wieder umrühren, bis die Nüsse Farbe angenommen haben. Auf Küchenkrepp geben und entfetten, die Knoblauchzehe entfernen. Den Kopfsalat waschen, die schönsten inneren Blätter auf den Servierteller legen. Die übrigen Blätter in mundgerechte Stücke zupfen, mit den Haselnußstückchen mischen und in die Mitte der Teller legen. Den Roquefort mit der Gabel zerkleinern und über den Salat streuen. In einer Schüssel den Senf mit dem Essig und dem Portwein mischen, mit einem Schneebesen nach und nach den Orangensaft und 6 Eßlöffel Öl hinzufügen. Die Sauce kurz vor dem Servieren über den Salat gießen.

Insalata alla Caprese

Capri-Salat mit Mozzarella

Für 4 Personen

500 g Mozzarella
1/2 rote Paprikaschote
1 Zucchini
150 g gemischte Frühlingssalate
(Parella, Feldsalat, Pasqualina)
2 EL in Essig eingelegte Kapern
2 reife Tomaten
1 EL getrockneter Oregano
3 EL Rotweinessig
7 EL Olivenöl extravergine
Salz, frisch gemahlener Pfeffer

Die Frühlingssalate waschen und gut abtrocknen. Die Paprikaschote ganz fein schneiden. Die Zucchini in längliche Stifte schneiden und diese 3 bis 5 Minuten in Salzwasser kochen, auf einem Sieb abtropfen lassen. Die Zucchini und den Salat mischen, auf der einen Seite des Tellers anrichten. Auf die andere Seite die in Scheiben geschnittene Mozzarella legen, alles mit Kapern bestreuen. Die beiden Tomaten 1 Minute in kochendem Wasser abbrühen, abtropfen lassen und die Haut abziehen. Die Tomaten halbieren, die Samen entfernen, den Rest grob hacken. 3 Eßlöffel Essig mit 7 Eßlöffeln Öl mischen, salzen und pfeffern, die Tomaten und den Oregano hinzugeben. Die Vinaigrette vor dem Servieren über die Mozzarella und den Salat gießen.

Salat von Tintenfischen

Insalata di Carciofi e Radicchio alla Senape

Salat von Artischocken und Radicchio mit Senf

Für 4 Personen

4 Artischocken

2 Radicchio

1 gehäufter EL Senf aus Dijon

Saft einer Zitrone

1 EL mit Estragon aromatisierter Weißweinessig

2 EL Crème fraîche

1/2 Glas Olivenöl extravergine

Salz, Pfeffer

Den Radicchio waschen, abtrocknen, die kleinen inneren Blätter ganz belassen, die äußeren in mundgerechte Stücke zupfen. Die Artischocken putzen, die härtesten Blätter und die Dornen entfernen, halbieren und das Stroh im Innern entfernen. Das Artischockenfleisch in Scheiben schneiden und in Wasser legen, dem Zitronensaft hinzugefügt wurde, damit sie nicht dunkel anlaufen. Die Zubereitung der Marinade: In einer Schüssel den Senf mit 3 Prisen Salz, 1 Prise Pfeffer und 1 Eßlöffel Essig mischen. Mit einem Holzlöffel dauernd umrühren, während man 1/2 Glas Olivenöl langsam dazugießt.
Zum Schluß die Crème fraîche hinzufügen, die Zimmertemperatur haben sollte, damit die Marinade nicht gerinnt. Die Artischocken im letzten Augenblick aus dem Wasser nehmen, abtrocknen, zum Radicchio legen und mit der Marinade übergießen.

Insalata di Piovra

Salat von Tintenfischen

Für 4 Personen

1 kg Tintenfische

2 kleine rosa Grapefruits

2 Radicchio, 1 Trevisana

1 Bund frischer Dill

2 Zitronen

8 EL Olivenöl extravergine

Salz, ein Gemisch aus schwarzem und weißem Pfeffer

Die Tintenfische waschen und in einen Dampfkochtopf legen, der 3 cm hoch mit Wasser gefüllt ist. Wenn der Dampfkochtopf unter Druck steht, 1/2 Stunde kochen und dann die Tintenfische im Kochwasser abkühlen lassen. Die äußere Haut und die Saugnäpfe entfernen, das Fleisch in Stücke schneiden und in eine Schüssel geben. Mit Zitronensaft, 2 Eßlöffeln Öl, Salz, frisch gemahlenem weißem und schwarzem Pfeffer und 1 Eßlöffel gehacktem Dill würzen. Die Schüssel zudecken und die Tintenfische einige Stunden marinieren, gelegentlich umrühren. Die Salate putzen und waschen. Den Radicchio fein schneiden. Die Grapefruits großzügig schälen und dabei auch die bittere weiße Haut entfernen, mit einem scharfen Messer die Spalten von den umgebenden Häuten befreien. Den austretenden Grapefruitsaft in einer Schüssel auffangen, 2 Eßlöffel Zitronensaft, Salz, Pfeffer und 6 Eßlöffel Öl hinzugeben. Diese Vinaigrette gut mit einem Schneebesen verrühren, den Radicchiosalat mit dem Tintenfisch und den Grapefruitspalten mischen, mit der Vinaigrette übergießen und auf die Teller verteilen. Mit gehacktem Dill und ganzen Trevisana-Blättern garnieren.

PETTI DI POLLO MARINATI IN INSALATA

Marinierte Hühnerbrust auf Salat

Für 4 Personen

2 ganze Hühnerbrüste
2 Karotten
2 Selleriestangen
2 kleine rote Zwiebeln
1 Lattich
(Römischer Salat)
10 grüne Oliven
1/2 EL Thymianblättchen
1 Bund Basilikum
1/2 l Fleischbrühe
5 EL Rotweinessig
1/2 Glas Olivenöl extravergine
Salz, Pfeffer

Die Karotten, den Sellerie und die Zwiebeln putzen. Die Brühe mit den Gemüsen zum Kochen bringen, nach 10 Minuten die geputzten und halbierten Hühnerbrüste dazugeben. Weitere 10 Minuten kochen. Die Hühnerbrüste herausnehmen, auf Küchenkrepp abtrocknen, in Alufolie einpacken und im Kühlschrank erkalten lassen. In der Zwischenzeit die Karotten und die Selleriestangen in Würfel schneiden. Die Zwiebel im Mixer pürieren und mit 6 Eßlöffeln Brühe in eine kleine Kasserolle geben. Bei starker Hitze einkochen; wenn die Zwiebel ganz trocken geworden ist, 5 Eßlöffel Essig hinzugeben. Wenn die Hälfte des Essigs verdampft ist, vom Herd nehmen und abkühlen lassen. 1/2 Glas Olivenöl hinzugeben, salzen und pfeffern. Die Hühnerbrüste schräg in dünne Scheiben schneiden, mit Gemüsewürfeln bedecken, die Marinade darübergießen. Mindestens einen halben Tag lang im Kühlschrank ziehen lassen und immer wieder durchmischen. Kurz vor dem Servieren den Lattich-Salat fein schneiden, mit den entsteinten und gehackten Oliven, dem Thymian und dem Basilikum mischen. Auf 4 Teller verteilen und auf jeden eine halbe Hühnerbrust mit 2 Eßlöffeln Marinade legen.

INSALATA DI PESCHE E MARZOLINO

Pfirsichsalat mit Schafskäse

Für 4 Personen

1 Endivienherz
1 krauser Endiviensalat
2 weiße Pfirsiche
200 g frischer Schafskäse
1 1/2 EL Sultaninen
8 geschälte Walnüsse
2 EL Weißweinessig
5 EL Walnußöl
Salz, Pfeffer

Die Salate waschen, trockenschleudern und getrennt aufbewahren. Die glatten Endivienblätter auf dem Rand der Teller anordnen, in die Mitte den in mundgerechte Stücke gezupften krausen Endiviensalat legen.

Pfirsichsalat
mit Schafskäse

Die Pfirsiche schälen und in Spalten schneiden. Den Käse in Scheiben und dann in Streifen schneiden. Den Salat mit den Pfirsichscheiben, dem Käse, den Walnüssen und den Sultaninen garnieren. Eine Vinaigrette aus 2 Eßlöffeln Essig und 5 Eßlöffeln Walnußöl herstellen, salzen, pfeffern und kurz vor dem Servieren über den Salat gießen.

INSALATA DI TACCOLE E FAGIOLINI

Salat von Zuckererbsen und grünen Bohnen

Für 4 Personen

250 g ganz feine grüne Bohnen
250 g Zuckererbsen
1 Bund Schnittlauch
1 Bund Petersilie
Olivenöl extravergine
60 g Butter
Saft von 1 1/2 Zitronen
Salz, Pfeffer

Die Zuckererbsen und die Bohnen putzen, die Enden abschneiden und die Fäden abziehen. Die Bohnen 12 Minuten, die Zuckererbsen 5 bis 6 Minuten in Salzwasser al dente kochen. Die Gemüse auf einem Durchschlag abtropfen lassen und mit wenig Öl übergießen. Die Kräuter waschen und fein hacken. Die Butter in einem kleinen Pfännchen erhitzen, langsam Zitronensaft hinzuträufeln und gleichzeitig mit einem Schneebesen schaumig schlagen. Die Sauce mit den Kräutern würzen, salzen und pfeffern, über die lauwarmen Gemüse gießen und sofort servieren.

INSALATA DI FRUTTA E GAMBERI

Salat von Früchten und Garnelen

Für 4 Personen

1 Kopfsalat
1 Grapefruit
2 Äpfel (Sorte Renette)
1 Banane
400 g Garnelenschwänze
150 g Mayonnaise
1 EL Weißweinessig
2 EL geschlagene Sahne
3 EL Zitronensaft
Salz, frisch gemahlener schwarzer Pfeffer

Die Mayonnaise mit 1 Eßlöffel Essig und 1 Eßlöffel Zitronensaft verrühren, die geschlagene Sahne vorsichtig mit einem Löffel unterheben, großzügig pfeffern. Den Kopfsalat waschen, die schönsten Blätter beiseite legen, die anderen mit den Händen in mundgerechte Stücke zupfen. Die Äpfel waschen, vierteln, das Kerngehäuse entfernen, schließlich in Scheiben schneiden. Die Grapefruit großzügig schälen, die Spalten enthäuten. Die Banane in Scheiben schneiden. Die Früchte in eine Schüssel geben und mit Zitronensaft begießen. Die Garnelen 6 bis 7 Minuten in Salzwasser kochen. Herausnehmen, abtropfen lassen und schälen. Die ganzen Kopfsalatblätter auf den Tellern anrichten, mit den zerkleinerten Salatblättern, den Früchten und den Garnelen bedecken. Jede Portion mit 1 Eßlöffel Marinade würzen, die restliche Marinade getrennt servieren.

INSALATA DI ROAST BEEF E VERDURE NOVELLE

Salat von Roastbeef und jungem Gemüse

Für 4 Personen

150 g Parellasalat
150 g junge Kartoffeln
150 g junge Karotten (auch tiefgekühlt)
150 g Kirschtomaten
12 dünne Scheiben Roastbeef
100 g Mayonnaise
1/4 rote Paprikaschote
1 Bund Schnittlauch
3 - 4 EL Milch

Tabascosauce
1/2 EL süßes Paprikapulver
1 EL Rotweinessig
Salz, Pfeffer

Zuerst wird die Salatmayonnaise bereitet: Die Mayonnaise mit 1 Eßlöffel Essig, 1/2 Eßlöffel Paprikapulver, einigen Tropfen Tabasco, 3 bis 4 Eßlöffeln Milch, der feingehackten Paprikaschote und 1 Eßlöffel gehacktem Schnittlauch mischen. Nach Belieben salzen und pfeffern und bis zur Verwendung im Kühlschrank aufbewahren. Die Kartoffeln gründlich waschen und ca. 20 Minuten lang oder länger in Salzwasser gar kochen. Auf einem Durchschlag abtropfen lassen und mit der Schale in Scheiben schneiden. Die Karotten 6 bis 7 Minuten kochen. Die Tomaten waschen und halbieren. Den Salat waschen und abtrocknen. Die Gemüse auf die Teller verteilen. 1/2 Eßlöffel Salatmayonnaise auf jeder Roastbeefscheibe verteilen, diese einrollen und mit einem Schnittlauchfaden zusammenbinden. Drei Röllchen in die Mitte jedes Tellers legen, die restliche Mayonnaise getrennt servieren.

INSALATA CON UOVA AFFOGATE

Salat mit pochierten Eiern

Für 4 Personen

das Herz eines krausen Endiviensalats
150 g Pasqualina
4 Scheiben Toastbrot
4 große Eier
2 Eigelbe
100 g Butter
3 EL trockener Weißwein
1 EL Zitronensaft
2 EL Weißweinessig
Salz, Pfeffer

Die Salate waschen, trockenschleudern, die größten Blätter mit den Händen in mundgerechte Stücke zupfen. Das Toastbrot in Würfel schneiden, unter dem Grill rösten. Die Zubereitung der Salatsauce: Die Butter schmelzen, 2 Eigelbe und den Weißwein im Wasserbad mit einem Schneebesen schlagen. Wenn die Mischung dick zu werden beginnt, die Butter nach und nach zugeben. Diese Sauce mit 1 Eßlöffel Zitronensaft (nach Belieben auch mehr), Salz und Pfeffer würzen. Im Wasserbad bis zum Moment des Servierens warm halten. In einer hohen Kasserolle Wasser zum Kochen bringen, 2 Eßlöffel Essig hinzufügen, die Hitze reduzieren. Ein Ei aufschlagen, erst auf einen Teller und dann in das köchelnde Wasser gleiten lassen. Wenn das Eiweiß gestockt ist, mit einem Schaumlöffel herausheben. Die übrigen Eier auf gleiche Weise pochieren. Den Salat und die Brotwürfel auf die Teller verteilen, in die Mitte ein pochiertes Ei setzen und mit 1 Eßlöffel der Salatsauce übergießen. Die restliche Sauce getrennt servieren.

ANMERKUNGEN

Italien ist das Land der vielfältigen Salatsorten. Allein schon ihre Namen sind eine Symphonie: rucola, crescione, parella, puntarella, scarola, indivia, pasqualina, songino, valerianella, lattuga, romana, cicoria, raponzolo, crespa, riccia, lollo, radicchio, chioggia, trevisana und wie sie alle heißen. Die Namen der Salatsorten schwanken allerdings von Region zu Region, und auch innerhalb eines Gebietes versteht nicht jeder Bauer oder Gemüsehändler zum Beispiel unter *rucola* dasselbe: Eigentlich ist die Senfrauke gemeint, doch ist *rucola* oft ein Synonym für *crescione,* die Brunnenkresse. Allen Zweideutigkeiten zum Trotz haben wir immer dann die original italienischen Bezeichnungen verwendet, wenn der Salat im Deutschen keinen gängigen Namen hat oder auf dem Markt kaum zu bekommen ist. In den folgenden Anmerkungen sind Ersatzprodukte genannt.

Barbe di frate
Wird im Frühjahr vor allem in Norditalien in großen Bunden verkauft und erinnert oberflächlich gesehen etwas an dicken Schnittlauch. Botanisch gesehen handelt es sich um den Meerwegerich (Plantago maritima), eine salztolerante Pflanze, die vorzüglich schmeckt. Man nehme als Ersatz den Queller der Nordsee, der oft unter dem völlig falschen Namen „Seetang“ angeboten wird.

Burghul
Auch Bulghur genannt, Weizenschrot, ein Hauptnahrungsmittel des Mittleren Orients. Die Körner werden gekocht, dann getrocknet und schließlich grob zerkleinert.

Cime di rapa
Eigentlich die Sprosse (cime) einer Kohlrübensorte (rapa). Gelegentlich bei uns zu bekommen. Als Ersatz nehme man Brokkoli.

Daikon-Rettich
Japanische Rettichsorte, wird oft als Gemüse gekocht. Ersatz: einheimischer Rettich.

Kurkuma
Gelbes Pulver aus der Wurzel der Gelbwurz (Arrowroot), eines Ingwergewächses, Hauptbestandteil des Currypulvers. Schmeckt sehr intensiv, wirkt galletreibend.

Moscardini
Winzige, nur wenige Zentimeter lange Kraken, wissenschaftlich Eledone moschata, auf deutsch Moschuspolypen, bei uns nur gelegentlich zu bekommen. Ersatz: kleine Tintenfische.

Nervetti
Eigentlich ausgelöste und sauer eingelegte Stücke vom Kalbs- oder Schweinsfuß. Ersatz: sauer eingelegter, ausgelöster Kalbskopf.

Parella
Ein sehr zarter Schnittsalat.

Pasqualina
Ein sehr zarter Schnittsalat, der vor allem zur Osterzeit (Pasqua) angeboten wird.

Portulak
Einst auch bei uns eine verbreitete Gemüse- und Salatpflanze.

Provola, Provolone, Scamorza
Der Provolone ist ein bekannter italienischer Hartkäse in auffallender Birnen-, Kugel- oder Wurstform, Herstellung als Knet- oder Brühkäse (formaggio filato). Kleine Provole werden als eines der wenigen Nahrungsmittel in Italien geräuchert und heißen dann auch Scamorza affumicata.

Puntarella
Die jungen Triebe der Catalogna, des „Katalanischen Salats“, einer Zichoriensorte. Als Ersatz nehme man einen Schnittsalat, z. B. grünen Eichblattsalat, eventuell auch wilden Löwenzahn.

Radicchio, Chioggia, Trevisana
Diese roten Salate bezeichnen wir im Deutschen einfach als Radicchio. Der Italiener kennt hier feinere Unterschiede: Die rundlichen Köpfe nennt er *radicchio* oder *Chioggia* (eigentlich *insalata di Chioggia)* und verwendet sie nur als Salat. Die längliche *Trevisana* – eigentlich „Salat aus Treviso“ – mit den geraden Blättern wird auch gerne als Gemüse gegrillt.

Ricotta
Ein italienischer Frischkäse aus Molkeneiweiß. Es handelt sich also nicht um die Entsprechung zu unserem Quark. Ricotta wird vor allem aus Kuhmilchmolke *(ricotta piemontese)* gewonnen. Die *ricotta al forno* wird im Ofen gebacken.

Rucola
Für den Botaniker die Senfrauke (Eruca vesicaria), eine bei uns fast nicht mehr bekannte Gartenpflanze. Als Ersatz nehme man Brunnenkresse.

Tomino
Ein schnittfähiger Frischkäse ohne viel Eigengeschmack. Ersatz: Mozzarella.

Topinambur
Wurzelknolle der Sonnenblumenart Helianthus tuberosus. Wird vor allem in Südwestdeutschland angebaut, aber fast ausschließlich für die Produktion von Schnaps verwendet.

I · N · S · A · L · A · T · E

REGISTER (ITALIENISCH)

REGISTER (DEUTSCH)